LITTLE VILLAGE

Historia
mundial

LIBSA

© 2006, Editorial LIBSA
C/ San Rafael, 4
28108. Alcobendas. Madrid
Tel. (34) 91 657 25 80
Fax (34) 91 657 25 83
e-mail: libsa@libsa.es
www.libsa.es

Título original: *World History*

Traducción: Inés Martín

Edición: Azucena Merino

© MM, Orpheus Books Limited

ISBN: 84-662-1158-6

Ilustradores: Simone Boni, Stephen Conlin, Giuliano
Fornari, Luigi Galante, Andrea Ricciardi di Gaudesi,
Gary Hincks, Steve Noon, Nicki Palin, Alessandro
Rabatti, Claudia Saraceni, Sergio, Thomas Trojer,
Alan Weston.
Fotografías: Págs. 41, 45, 49, 50, 51, 52, 54, 55, 56: The
Illustrated London News Picture Library.
Pág. 34: National Gallery, London.

CONTENIDO

EDAD MEDIA

4 EL MUNDO ÁRABE
Expansión del Islam • Omeyas y abasidas

6 LOS BÁRBAROS
Ataques a Roma

7 BIZANCIO
Justiniano • Invasión y conquista

8 MAYAS Y AZTECAS
Los mayas • Los aztecas

10 LOS VIKINGOS
Las incursiones vikingas • Los barcos vikingos • La vida en casa

12 LA EUROPA MEDIEVAL
El régimen feudal • El Libro catastral inglés (Domesday book) • La «muerte negra»

14 COMERCIO Y RELIGIÓN
La Liga Hanseática • La Iglesia Cristiana

16 LOS CABALLEROS
Cómo convertirse en caballero • Las cruzadas

18 CASTILLOS
La vida en un castillo • El ataque a un castillo • Los castillos de los cruzados

20 NORTEAMÉRICA
Las tribus indígenas americanas • La vida cotidiana

21 SUDAMÉRICA
Los imperios andinos

HISTORIA MODERNA

22 RUSIA
El dominio mongol • Iván el Terrible
• Los Romanov

24 VIAJES DE EXPLORACIÓN
Las rutas comerciales • Enrique «el
Navegante» • Viajes portugueses
• El Nuevo Mundo

26 EL RENACIMIENTO
Los comienzos • El Humanismo
• Escritores y artistas • Nuevos
horizontes

28 LA REFORMA
La corrupción de la Iglesia
• La Iglesia Anglicana
• La Contrarreforma

30 COLONIAS Y COMERCIO
El comercio de esclavos • Riqueza y
beneficios • El comercio con China

32 LA ÉPOCA DE LAS
REVOLUCIONES
Revolución en América • La Revolución
Francesa

34 LA REVOLUCIÓN INDUSTRIAL
El carbón y el hierro • Una nueva vida
• La expansión de la industria

36 EL CRECIMIENTO
DE LOS ESTADOS UNIDOS
La ruta de Oregón • La fiebre del oro
• La Homestead Act (Ley de las
Haciendas)

38 LA EXPLORACIÓN DEL MUNDO
En el interior de África • Hacia
los polos • La exploración del espacio

40 EL NACIMIENTO DE LA EDAD
CONTEMPORÁNEA
El «reparto de África» • Tecnología industrial

42 EL MUNDO EN GUERRA
La Revolución Rusa • La II Guerra
Mundial

44 LA POSGUERRA
La Guerra Fría • Independencia de las
colonias • El mundo moderno

46 CRONOLOGÍA

47 ÍNDICE

EL MUNDO ÁRABE

HACIA EL AÑO 570 nació en la ciudad de La Meca, Arabia Saudí, el profeta Mahoma. Se quedó huérfano cuando era pequeño. Cuando tenía unos 12 años, Mahoma empezó a trabajar para su tío como comerciante y pronto fue conocido por su honradez. Se casó con la viuda de un mercader acomodado y se convirtió en un rico hombre de negocios.

Cuando tenía 40 años, el profeta Mahoma salió de La Meca, dirigiéndose a la montaña, para refugiarse en sí mismo y meditar. Fue aquí donde llegó hasta él el arcángel San Gabriel con un mensaje de Alá (Dios). Gabriel le dijo que la gente debía adorar a un solo Dios, Alá, y sólo a Alá. El profeta Mahoma empezó a predicar el mensaje de Gabriel al pueblo de La Meca. Las apariciones de Gabriel al profeta Mahoma marcaron el principio de la fe islámica. A sus seguidores se les llegó a conocer como musulmanes. Los musulmanes creen que hay un solo Dios, Alá, y que el profeta Mahoma fue el último mensajero (profeta) de Alá. Creen que los mensajes transmitidos por Gabriel al profeta Mahoma eran las palabras de Alá. Éstas fueron recogidas también en el *Corán,* el libro sagrado del Islam.

Los guerreros árabes luchaban a caballo, armados con lanzas, arcos y flechas y espadas. Los árabes criaban caballos de gran calidad para utilizarlos en combate. También utilizaban los camellos para cruzar las regiones desérticas, secas e inhóspitas, en las que no podían sobrevivir los caballos. Pero, al principio del siglo XIV, empezó a importarse de China la pólvora y los árabes aprendieron a fabricarla por sí mismos. Empezaron disparando flechas con unos fusiles muy simples. Los fusiles más complejos y los cañones empezaron enseguida a ser una parte importante de la guerra en el mundo árabe.

EXTENSIÓN DEL ISLAM

A la muerte del profeta Mahoma, en el año 632, la fe islámica ya se había extendido por toda Arabia. Antes de 25 años, los ejércitos árabes dominaban ya parte de los poderosos imperios bizantino y sasánida, que abarcaba lo que actualmente es Siria, Irak, Irán y Egipto. El Islam se extendió rápidamente por estos territorios.

OMEYAS Y ABASIDAS

Los musulmanes de todo el imperio islámico que se iba extendiendo estaban unidos por su fe, su creencia en Alá y su respeto por el *Corán*. El líder de la comunidad islámica era conocido como el califa (que significa «sucesor»). En el año 661, el primer califa de la familia de los Omeya subió al poder como líder del mundo islámico. La dinastía Omeya conservó el poder hasta el año 750, en que lo tomaron los abasidas. Bajo los omeyas, la fe islámica llegó hasta España por occidente y, por oriente, profundizó hasta el interior del Asia central. El árabe fue la lengua oficial de todo el imperio.

El palacio de la Alhambra, en Granada (España) fue construido por los moros, los musulmanes que ocuparon España desde el año 700 hasta 1492. El nombre de Alhambra se deriva de la palabra árabe que significa «rojo», debido al ladrillo rojo que se utilizó para construir los muros exteriores.

Los abasidas construyeron una fabulosa ciudad nueva para que fuera el centro administrativo de su imperio. Bagdad (actualmente en Irak), fundada en el año 762, atrajo a estudiantes, artistas y artesanos de todas las partes del imperio. Se convirtió en un centro de enseñanza y de arte. Harun al-Raschid (que gobernó entre el 786-809) fue el califa abasida más famoso, cuya corte fue el escenario de *Las mil y una noches,* una colección de narraciones de Arabia, China, Egipto e India.

Bagdad fue un concurrido centro comercial. Llegaban mercancías de lugares tan lejanos como India y China.

LOS BÁRBAROS

LA PALABRA «bárbaro» tuvo su origen en la Grecia antigua, y se usaba para designar a cualquiera que hablase una lengua que no comprendieran ellos: un extranjero. Los romanos aplicaron la palabra a los pueblos de fuera de su vasto imperio, por ejemplo, los hunos, godos y vándalos. Y fueron esos «bárbaros» los que acabaron por poner fin al Imperio Romano.

ATAQUES A ROMA

Los godos y vándalos eran tribus germánicas que, en origen, vinieron del sur de Escandinavia. Los hunos procedían de Asia central. Poco después del año 370, los hunos atacaron la Europa del este, amenazando a los godos, que se desplazaron hacia el oeste y el sur. Los hunos, con su jefe, Atila, llegaron a atacar las Galias (Francia), un territorio ocupado por Roma, aunque fueron derrotados después de la muerte de Atila, en el año 453. Mientras, los godos invadieron la propia Italia, saqueando Roma en el año 410.

Los vándalos cruzaron las Galias y España para invadir el norte de África en el año 429. Allí se apoderaron de las provincias romanas y

En el año 800, Carlomagno fue coronado emperador de las tierras sobre las que reinaba, conocidas ahora como el Sacro Imperio Romano.

establecieron un reino. Desde esta base, saquearon Roma en el año 455, dando lugar al período que conocemos como Edad Media. Los francos eran otro pueblo germánico. Con su líder, Clodoveo, tomaron las Galias al principio del siglo VI. Clodoveo fue el primer monarca germánico en adoptar el cristianismo. Otro rey franco famoso fue Carlomagno, que reinó del 768 al 814 y levantó un gran imperio *(ver el mapa de arriba)*.

El rey Alarico condujo a su ejército godo hasta el interior de Roma en el 410.

BIZANCIO

MIENTRAS CAÍA la mitad occidental del Imperio Romano, invadido por las tribus germánicas, la mitad oriental seguía floreciente. En el año 330, el emperador romano Constantino I fundó en Bizancio una capital nueva, una ciudad portuaria sobre la orilla europea del Bósforo. Esta capital se llamaba Constantinopla y se convirtió en el floreciente centro de la mitad oriental del Imperio Romano, al que se conoció como Imperio Bizantino. Bajo la influencia de Constantino I y de su hijo Teodosio I, el cristianismo fue la religión oficial del Imperio Bizantino y Constantinopla, la capital cristiana de Oriente.

JUSTINIANO

Justiniano (que reinó del 527 al 565) fue el emperador más importante del Imperio Bizantino. Con Justiniano éste alcanzó su mayor extensión. Los ejércitos bizantinos, mandados por el general Belisario, reconquistaron gran parte de los territorios perdidos por el Imperio Romano en el norte de África, Grecia, Turquía, Italia y parte de España. A Justiniano se le recuerda por su capacidad legal y administrativa.

Este es un retrato de Justiniano en mosaico. Un mosaico se compone de cientos de piezas de mármol pintado.

Trató de erradicar de su imperio la injusticia y la corrupción, promulgando un código legislativo que, desde entonces, constituye la base de los sistemas legales de muchas naciones. Durante el reinado de Justiniano se construyó en Constantinopla la espléndida iglesia de *Hagia Sofia* o Santa Sofía, con su enorme cúpula, sus paredes bellamente pintadas y sus deslumbrantes mosaicos dorados.

Durante la época bizantina se excavaron cientos de cuevas y monasterios en las raras formaciones rocosas de la Capadocia, Turquía. Todavía existen en la actualidad.

INVASIÓN Y CONQUISTA

Las conquistas del reino de Justiniano consumieron casi todos los fondos del Imperio e, incluso antes de la muerte del emperador, las tribus bárbaras fueron reconquistando algunas partes occidentales del Imperio. Después del 565, el Imperio Bizantino ya nunca volvió a ser tan poderoso. En el siglo VII apareció un nuevo enemigo, cuando los ejércitos árabes empezaron la invasión tras la muerte de Mahoma en el 632. Los árabes dominaron rápidamente los territorios de Oriente Medio. El Imperio Bizantino volvió a florecer de nuevo a finales del siglo IX, bajo el reinado de Basilio I. Pero, después del siglo XI, el Imperio se debilitó debido a nuevas invasiones y, finalmente, Constantinopla cayó ante los turcos, en 1453.

MAYAS Y AZTECAS

TANTO LOS MAYAS como los aztecas tuvieron poderosas civilizaciones en América central. Los mayas vivían en la península del Yucatán *(ver el mapa de abajo)*, y su civilización alcanzó el ápice de su poder entre los siglos III y X. El poderoso imperio de los aztecas estaba en lo que hoy es México. Se extendía alrededor de la capital, Tenochtitlán (en el lugar que hoy ocupa la ciudad de México). Los aztecas florecieron durante unos 100 años, desde el año 1400 al 1521.

Tanto los mayas como los aztecas fueron poderosos en Centroamérica. La civilización maya ocupaba la región de lo que hoy es México, Guatemala, Honduras y El Salvador. La civilización azteca estaba más al oeste. Los incas tuvieron un vasto imperio en Sudamérica, que se extendía a lo largo de más de 2.000 km por la costa del Pacífico. Fueron poderosos en los siglos XIV y XV.

Un «caballero jaguar» azteca se cubría con pieles, cabeza, quijadas y dientes de jaguar. Estos eran los guerreros aztecas más distinguidos y eran muy respetados.

LOS MAYAS

La civilización maya se constituyó en torno a ciudades-estado. Los mayas construyeron grandes ciudades, como Tikal, cada una de las cuales dominaba la zona circundante y a veces también otras ciudades más pequeñas y menos destacadas. Había importantes rutas comerciales que enlazaban las ciudades-estado y unían también a los mayas con otros pueblos de Centroamérica. Entre las mercancías con que comerciaban estaban las pieles de jaguar, el jade, la sal y el cacao. Los mayas transportaban las mercancías por río y por mar, o a pie por tierra.

En el campo, la mayoría eran granjeros. Uno de sus cultivos principales era el maíz, que se usaba para hacer un tipo de pan aplastado, llamado tortilla, y una bebida alcohólica, el balche.

Los mayas llegaron a estar muy adelantados en ciertas ramas de la astronomía y de las matemáticas, y sus sacerdotes utilizaban estos conocimientos para confeccionar un almanaque. También desarrollaron un sistema de escritura con símbolos. Los dejaron grabados sobre grandes monumentos de piedra llamados *stelae* (obeliscos).

La civilización maya llegó a su fin cuando aparecieron los conquistadores españoles en el siglo XVI. Sus descendientes siguieron viviendo en la región y hablando sus lenguas.

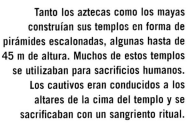

Tanto los aztecas como los mayas construían sus templos en forma de pirámides escalonadas, algunas hasta de 45 m de altura. Muchos de estos templos se utilizaban para sacrificios humanos. Los cautivos eran conducidos a los altares de la cima del templo y se sacrificaban con un sangriento ritual.

Eran muy populares los juegos de pelota. En este juego azteca, dos jugadores trataban de golpear una pelota para meterla por un anillo. Sólo se les dejaba utilizar los antebrazos, las caderas y los muslos para tocar la pelota. Era un deporte duro: los componentes del equipo perdedor solían sacrificarse a los dioses.

territorios que rodeaban la ciudad. Con el rey Moctezuma I (que reinó entre 1440 y 1468), los aztecas ampliaron su imperio. Cuando accedió al trono Moctezuma II, en 1502, el imperio estaba en su apogeo. Por entonces, en 1519, los conquistadores españoles atacaron a los aztecas. Las lanzas y garrotes de los fieros guerreros aztecas no podían competir contra las armas de fuego de los españoles y hacia 1521 fueron derrotados.

La religión era muy importante para la vida, tanto de los aztecas como de los mayas. Ambos pueblos adoraban a muchos dioses. Celebraban ceremonias religiosas en las que hacían sacrificios humanos para asegurarse buenas cosechas y buena fortuna.

LOS AZTECAS

El centro de la civilización azteca era Tenochtitlán, la capital. Fundada en 1325, la ciudad tenía unos 15 km² y estaba construida sobre una isla en el lago de Texcoco. Hacia el año 1400, los aztecas dominaban muchos de los

De la gran ciudad de Chichén Itzá hoy sólo quedan las ruinas de la gran civilización maya. La ciudad creció entre el año 900 y el 1200 hasta convertirse en uno de los centros más poderosos de los mayas.

LOS VIKINGOS

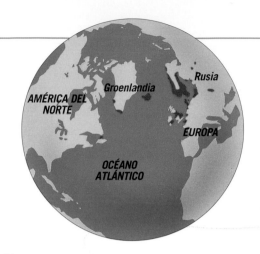

OS VIKINGOS eran gentes marineras que llegaron procedentes de los países escandinavos del norte de Europa (en nuestros días, Dinamarca, Noruega y Suecia). Entre el 750 y 1100, aproximadamente, los vikingos hicieron incursiones y saqueos por muchas zonas de Europa. Eran también colonizadores, que se establecieron en muchas regiones, entre ellas en Islandia y Groenlandia. Los barcos vikingos navegaron hasta muy lejos, incluso hasta Norteamérica. 500 años antes de que Cristóbal Colón hiciera su histórico viaje a través del océano Atlántico, un vikingo llamado Leif Ericsson desembarcó en las costas de Norteamérica, probablemente en Terranova. Fue el primer europeo que puso pie sobre tierra norteamericana. Ericsson fundó un asentamiento, pero lo abandonó después de unos años.

A lo largo de la línea costera de Escandinavia, el mar penetra en la costa, formando profundas ensenadas o fiordos, y se cree que el nombre de «vikingo» viene de la palabra *vik,* que significa «ensenada». Las gentes que temían sus incursiones también conocían a los vikingos como *norsemen* (hombres del norte). Además de ser temibles guerreros, fueron grandes comerciantes, que navegaron por el sur hasta el Mediterráneo para intercambiar productos de granja y pieles por armas y artículos suntuarios: oro, plata y seda.

LAS INCURSIONES VIKINGAS

Los vikingos llevaron a cabo incursiones por gran parte de Europa, de Inglaterra a Italia y de Rusia a España. Pero, ¿por qué navegaban los vikingos por los mares para atacar ciudades y poblados? Una razón era el gran incremento de la población en las tierras de los vikingos, que les llevó a la superpoblación y a una escasez de tierras de labor. Muchos vikingos decidieron dejar Escandinavia para buscar nuevas tierras en otra parte, aun teniendo que guerrear por ellas. Otra de las razones fue que los vikingos eran aventureros por naturaleza y muchos jóvenes guerreros consideraban las incursiones como un modo de conquistar riqueza y honor. Preferían los ataques por sorpresa y lo saqueaban todo, desde reses y caballos a objetos valiosos robados en las iglesias y monasterios. Mostraban poca clemencia ante las aterrorizadas poblaciones y solían incendiar lo que no robaban.

Invasores vikingos a bordo de un dragón o nave vikinga. A lo largo de los costados del barco llevaban colocados escudos.

Este guerrero vikingo noble lleva dos armas: una espada y una lanza. Lleva también un escudo de madera para protegerse. Su casco es de hierro y viste una cota de malla que le cubre el cuerpo. Sólo los jefes vikingos ricos vestían una cota de malla metálica semejante.

Una fortaleza vikinga *(abajo)* estaba protegida por muros de contención de madera y tierra. La fortaleza tenía cuatro entradas.

LA VIDA EN CASA

La mayoría de los vikingos eran granjeros. En la boscosa Escandinavia vivían en casas de madera, pero en los lugares donde escaseaba la madera usaban piedra en su lugar. Cosechaban, por ejemplo, cebada, avena y centeno, y tenían ganado, como cabras, ovejas y cerdos. Algunos vikingos trabajaban como pescadores, pescando en agua dulce y en el mar y cazando ballenas. La sal era un producto de vital importancia, que solían traer los mercaderes que viajaban. Se utilizaba para la conservación del pescado y de los alimentos para los largos inviernos.

Las ropas de los vikingos eran sencillas y prácticas, hechas de lana y de lino. Los hombres usa-

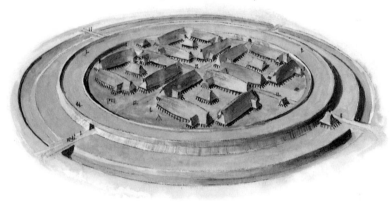

LOS BARCOS VIKINGOS

Los vikingos fueron muy hábiles como constructores de barcos y como navegantes. Sus barcos, conocidos como *drakars* o dragones, eran elegantes y rápidos. Un barco vikingo estaba construido con madera y tenía quilla, una tira de madera que iba a todo lo largo del barco y cortaba el agua, ayudando a reducir el balanceo. Iba propulsado por una vela cuadrada o, si no había viento, por remeros. El extremo delantero solía llevar una figura ornamental tallada, por ejemplo, con forma de cabeza de dragón.

ban pantalones y una camisa de mangas largas; las mujeres, vestidos holgados. Tanto los hombres como las mujeres llevaban zapatos de piel.

Los vikingos utilizaban un sistema de escritura llamado runas. Sin embargo, la historia de los vikingos nunca se escribió, sino que pasó durante generaciones de boca en boca en narraciones en verso llamadas sagas. Los vikingos también eran hábiles tallando madera y trabajando el metal. Decoraban sus barcos y sus casas con tallas complicadas y lucían una bonita orfebrería, en gran parte trabajada en plata.

Los vikingos combatían con hachas, lanzas, espadas y arcos y flechas. Las espadas, muy apreciadas por los guerreros vikingos *(derecha)*, solían tener unos mangos muy decorados. Las hojas eran de hierro o acero. En el manto solían llevar unos broches ornamentales *(más a la derecha)*.

LA EUROPA MEDIEVAL

EN EUROPA se conoce como Edad Media o medievo al período que va del año 500 al 1500 aproximadamente. La Edad Media empezó tras la caída del Imperio Romano y terminó con el principio del Renacimiento. La primera parte de este período fue una época de invasiones, entre ellas incursiones vikingas y la conquista de Inglaterra por el duque Guillermo de Normandía en 1066. En la última parte hubo guerras frecuentes entre los reinos repartidos por Europa, entre ellas la llamada Guerra de los Cien Años, que enfrentó a Inglaterra y Francia (1337-1453).

EL RÉGIMEN FEUDAL

El sistema feudal o feudalismo es el término usado para describir un sistema político y militar que se desarrolló en Europa durante la Edad Media. Tenía sus raíces en los francos, cuando los guerreros francos juraban lealtad a un rey o señor como compensación por alguna clase de protección y recompensa. El feudalismo se extendió por Europa entre los siglos IX y XIII. Para premiar servicios militares o de otra clase, un rey recompensaba a su leal seguidor, conocido como vasallo. La recompensa solía ser en forma de tierras. Al vasallo se le permitía usufructuar la tierra, aunque no le perteneciese. A su vez, éste prometía lealtad al señor.

Los nobles vasallos dividían las tierras que su señor o rey les había otorgado en feudos *(derecha)*. Cada feudo estaba trabajado por campesinos. Además, los campesinos tenían pequeñas parcelas o franjas de tierra en las que cosechaban sus propios alimentos. Algunos feudos tenían también un molino de viento para moler el grano y hacer harina.

Un día de mercado en una ciudad medieval europea *(abajo a la izquierda)*. Los mercados eran muy importantes en la Edad Media. Los granjeros traían sus productos para venderlos. Los mercaderes vendían finos tejidos a la gente acomodada. Los juglares divertían a la multitud.

En las épocas de inseguridad que la gente de Europa vivió durante los primeros tiempos de la Edad Media, el feudalismo les daba una cierta seguridad y protección. Pero, entre 1290-1300, el sistema empezaba a desmoronarse. La gente empezó a utilizar más el dinero, prefiriendo pagar una renta por las tierras que estar vinculadas por el sistema feudal. También los señores preferían pagar a los soldados a premiarles con tierras.

EL *LIBRO CATASTRAL INGLÉS (DOMESDAY BOOK)*

A principios de 1086, el duque Guillermo de Normandía mandó hacer un censo de toda Inglaterra. Tras su victoria en 1066, quería tener información sobre su reino. El resultado fue un censo sitio por sitio de toda Inglaterra (excepto Londres, Winchester y algunas zonas del norte de Inglaterra), enumerando la población, la riqueza y las propiedades de cada uno. Más tarde se le llamó el *Domesday book (Libro del juicio final)*. Censos parecidos se hicieron en otros lugares de Europa desde el siglo XII en adelante.

Un trabajo tan detallado requería gente que supiera leer y escribir y fue así, durante la Edad Media, como se fundaron las primeras universidades de Europa; por ejemplo, la de la ciudad italiana de Bolonia (1088).

LA «MUERTE NEGRA»

La «muerte negra» (peste bubónica) era una terrible enfermedad que mató a millones de personas en Europa a mediados del siglo XIV. El nombre se debía a las manchas negras que les salían a las víctimas. La enfermedad vino de Asia en 1347 y se extendió a través de Europa en los años siguientes. La transmitían las pulgas que vivían sobre las ratas negras... aunque esto nadie lo sabía por aquel entonces.

En la Edad Media nadie comprendía de dónde venía la «muerte negra» ni cómo tratarla. En un solo día morían o se contagiaban de la enfermedad muchas personas. Los cadáveres se amontonaban en las carretas. Las gentes huían de las ciudades infectadas... contagiando la enfermedad allí donde iban.

COMERCIO Y RELIGIÓN

ANTES DE LOS AÑOS de la plaga y de las hambrunas del siglo XIV, la Europa medieval era un lugar de creciente prosperidad. En toda Europa se irrigaba la tierra y los bosques se talaban para que hubiera más tierras de cultivo. En algunos lugares, este proceso ocurrió al extenderse los poblados. En otros sitios, se construían fortalezas para defenderse de los invasores o se fundaban monasterios en lugares lejanos, dando lugar a puntos de partida para otros asentamientos.

Al aumentar la producción de alimentos, fue creciendo la población. En el año 1000, la población de Europa se estimaba en unos 40 millones de personas. Esta cifra aumentó espectacularmente hasta los 80 millones en el 1300, volviendo a disminuir en el siglo XIV como consecuencia de las epidemias y de las hambrunas.

Si había más riqueza, los señores se quedaban con ella, pero la vida cambiaba poco para los agricultores. Seguían viviendo hacinados en condiciones insalubres, con una dieta de pan, avena y vegetales. Raramente comían carne o pescado, alimentos reservados para la mesa del señor.

Esta es la puerta de Hölstentor, de la ciudad alemana de Lübeck, una de las que formaban parte de la Liga Hanseática.

LA LIGA HANSEÁTICA

Las ciudades fueron centros importantes de crecimiento en Europa entre los años 1000 y 1300, especialmente las que estaban en las grandes rutas comerciales. En Alemania, se reunieron varias ciudades para formar una alianza comercial, conocida como la Liga Hanseática. Las ciudades de la Liga se hicieron con el control del comercio de pieles, pescado y madera en el norte de Europa. Más al sur, en el mar Mediterráneo, las ciudades italianas como

Personajes de la Edad Media *(de izquierda a derecha):* un mercader, una dama de la corte real, un halconero, un fraile y una campesina. La dama y el comerciante visten ropas ricas, mientras que la campesina va vestida más sencillamente. El halconero tenía que trabajar en la corte o para un señor feudal. La caza con halcón era muy popular y se la conocía como el «deporte de los reyes». Los halcones, animales de cetrería y águilas se adiestraban para

cazar. El halconero llevaba un guante fuerte para protegerse la mano cuando el animal se posaba sobre ella. El fraile era un monje que no vivía dentro del monasterio, sino que viajaba de un lugar a otro, predicando el cristianismo. En la sociedad feudal del medievo, la nobleza acaparaba toda la riqueza y el poder. Por debajo de ellos estaban los comerciantes y artesanos. Los campesinos y sirvientes eran las personas más pobres.

Venecia y Génova se convirtieron en los centros del comercio con Asia y el norte de África. Muchos de estos exóticos productos –sedas, especias y azúcar– se transportaban después por los pasos alpinos para su venta en el norte de Europa. Por el contrario, la madera, el hierro y las pieles viajaban hacia el sur.

LA IGLESIA CRISTIANA

La Iglesia Cristiana se hizo muy poderosa durante la Edad Media. El cristianismo formaba una parte importante de la vida cotidiana de todos, del campesino al rey. Muchos hombres y mujeres optaban por dedicar sus vidas a la Iglesia haciéndose frailes o monjas. Vivían en monasterios o conventos y trabajaban también en el campo o cuidaban de los pobres y de los enfermos. Pasaban también mucho tiempo en oración y estudiando, copiando textos y adornándolos con hermosos dibujos y letras, que se llamaban códices miniados. El resultado fue que los monasterios y los conventos se convirtieron en centros del saber por toda Europa.

Había varias órdenes (organizaciones) de monjes y de monjas. La más antigua fue la de San Benito de Nursia, que fundó la orden benedictina en la centuria del año 500. San Benito fue el autor de la *regla*, un conjunto de normas para la vida monástica.

Durante la Edad Media se construyeron por toda Europa miles de monasterios, abadías, iglesias y catedrales. Las más grandes tardaron muchísimos años en terminarse. Algunas de las abadías más grandes, por ejemplo la de Cluny, en Francia, eran como pequeñas ciudades dentro de sus propios muros.

Durante la Edad Media se construyeron muchas y magníficas catedrales en Europa. La palabra «catedral» viene de *cathedra*, que significa «el trono del obispo». La catedral era el edificio donde se colocaba el trono del obispo.

Unos caballeros salen a caballo para combatir durante las cruzadas.

LOS CABALLEROS

CUANDO EL DUQUE Guillermo de Normandía invadió Inglaterra en el año 1066, llevaba con él soldados de caballería. Los ingleses los llamaban *cnihts*, una palabra que significaba «servidor» o «criado». Bajo el régimen feudal, muchos de esos soldados se convirtieron en vasallos, y la palabra caballero pronto sirvió para describir a alguien que servía a un rey o a un señor como soldado montado y armado. Los caballeros se convirtieron en una clase de personas aparte, por debajo de la alta nobleza en el sistema feudal, pero por encima de los mercaderes y artesanos. Se esperaba de los caballeros que siguieran un código de lealtad y de honor y que protegieran a los débiles. Esto se conoció como el código de la caballería.

CÓMO CONVERTIRSE EN CABALLERO

Los jóvenes destinados a ser caballeros pasaban por años de entrenamiento. Había que aprender el arte del combate y el código de conducta de la caballería. Se enviaba a los jóvenes a vivir en casa de un caballero en calidad de paje. A los 15 ó 16 años, el paje ascendía a escudero, como servidor personal del caballero, entonces, entraba en combate con su señor y aprendía a luchar. Completada su preparación podía convertirse en caballero. Esto tenía lugar durante una ceremonia para armarle caballero *(ver página opuesta)*.

Un caballero utilizaba varias armas en la batalla. Su arma principal era la lanza, que se utilizaba para desmontar a otros jinetes. Llevaba también una espada, una maza y un hacha de guerra.

Un caballero vestido con toda la armadura. Este tipo de armadura data del siglo xv, cuando los caballeros se cubrían con pesados trajes hechos de placas metálicas, que pesaban más de 25 kg. Vestidos con esta armadura, los caballeros tenían que montar sobre sus caballos con una grúa. Si se caían del caballo, estaban indefensos. Oculto bajo su armadura, el único modo de reconocer a un caballero era el distintivo de su escudo de armas.

Un escudero elevado a caballero durante la ceremonia de armarle caballero. El escudero se arrodilla ante su señor o ante el rey, para recibir un ligero golpe en los hombros con una espada, acompañado de las palabras «Yo te armo caballero».

LAS CRUZADAS

En 1095, el papa Urbano II, jefe de la Iglesia Cristiana, hizo un llamamiento a los europeos cristianos para que dejaran de luchar entre ellos y fueran, en cambio, a reconquistar Palestina, la «Tierra Santa». Esta región era importante para los cristianos, porque era donde Jesucristo había vivido. En el siglo XI había sido conquistada por los turcos, que prohibían a los cristianos visitar los santos lugares y santuarios. En 1095, los turcos habían prohibido a los cristianos que entraran en Jerusalén.

En respuesta al Papa, los cristianos de toda Europa organizaron expediciones militares que llamaron cruzadas. Hubo ocho en total (1096-1270). El objetivo de los cruzados era la reconquista de los Santos Lugares y proteger de los turcos al Imperio Bizantino.

Todo el mundo, de reyes a caballeros, de nobles a campesinos, participó en las cruzadas. En 1212 incluso hubo una cruzada de niños, en la que miles de chicos y chicas partieron por toda Europa en una larga caminata hacia el sur, hacia el Mediterráneo. Muchos de ellos murieron.

Al final, los cruzados fracasaron en la reconquista de los Santos Lugares y los turcos se apoderaron del Imperio Bizantino en 1453. Pero, como consecuencia de las cruzadas, florecieron el comercio y otros contactos entre Europa y Asia.

Dos caballeros toman parte en un torneo, observados por una multitud de nobles. Estos caballeros están alanceando. Lo que se pretendía con las lanzadas era desmontar de su caballo al otro caballero. Los caballeros cargaban el uno contra el otro por unas «calles» muy estrechas llamadas lizas. Aunque no trataban de matarse, el combate con lanza era una prueba de valor y destreza y, a veces, terminaba con heridas graves.

CASTILLOS

EN LOS TIEMPOS MEDIEVALES, un castillo era una construcción fortificada que servía como vivienda a un rey o un noble. Muchos castillos tenían también torreones, una armería (el lugar donde se guardaban las armas) y una cámara del tesoro, así como cuarteles para los soldados. En la Europa medieval estallaban con frecuencia las guerras, así que era importante que el rey o el noble se protegiera, así como sus familias y vasallos. El castillo llegó a convertirse en una pieza importante del sistema feudal.

Solían estar sobre la cima de una colina para aprovechar las defensas naturales. Los invasores normandos de Inglaterra construyeron castillos con fuertes murallas y fosos. Dentro de los muros había una fortaleza central llamada torre del homenaje.

LA VIDA EN UN CASTILLO

La torre del homenaje no sólo era el punto defensivo más fuerte en caso de ataque, sino que era también donde vivían el noble, su familia y sus vasallos. Dentro había una gran sala donde comían todos. Los sirvientes traían la comida de las cocinas próximas. La sala estaba iluminada por velas y antorchas hechas de madera y grasa. Aunque había una gran chimenea para calentar la sala con su fuego, no había cristales en las ventanas y la mayor parte de los castillos eran fríos y con corrientes de aire. Por la noche, el noble y su esposa se retiraban a sus aposentos privados, conocidos como el solar, pero los vasallos y sirvientes se envolvían simplemente en sus mantos y dormían sobre el suelo cubierto de paja, junto con los animales domésticos del castillo.

CLAVE
1 *Torre del homenaje*
2 *Almenas*
3 *Rastrillo*
4 *Puente levadizo*

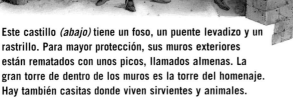

Un castillo en pleno ataque. Los soldados del castillo disparan flechas con sus ballestas contra el enemigo. Los enemigos emplean varias máquinas para atacar el castillo: una catapulta, máquina que lanza piedras hasta el interior del castillo; un castillete, una torre desde la que los atacantes pueden saltar hasta el interior del castillo; y un ariete, un tronco de árbol para golpearlo contra las puertas. A veces, un enemigo ponía sitio al castillo, esperando a que sus ocupantes estuvieran hambrientos.

Este castillo *(abajo)* tiene un foso, un puente levadizo y un rastrillo. Para mayor protección, sus muros exteriores están rematados con unos picos, llamados almenas. La gran torre de dentro de los muros es la torre del homenaje. Hay también casitas donde viven sirvientes y animales.

EL ATAQUE A UN CASTILLO

El muro exterior del castillo solía estar rodeado por un foso lleno de agua. Si el castillo era atacado se podía levantar el puente levadizo que había sobre el foso. La entrada principal también estaba protegida por un rastrillo (una rejilla de hierro). Las paredes externas solían estar rematadas con almenas, que permitían a los defensores lanzar flechas quedándose a cubierto. También había en las paredes unas pequeñas aberturas (flecheras) a través de las cuales se disparaba con los arcos.

LOS CASTILLOS DE LOS CRUZADOS

Los cruzados construyeron castillos en Tierra Santa para defender el territorio que tomaban a los turcos. Eran similares a las fortalezas bizantinas, añadiendo más muros defensivos en la muralla principal. El más conocido es el de Krak des Chevaliers, en Siria, construido por los Caballeros de San Juan en el siglo XII.

NORTEAMÉRICA

ANTES DE LA LLEGADA de los colonos europeos en el siglo XVI, Norteamérica era el hogar de millones de personas conocidas como los indígenas americanos (o indios americanos). Los primeros indígenas americanos llegaron a Norteamérica hace miles de años y desarrollaron una extraordinaria variedad de estilos de vida y de culturas al extenderse por todo el continente.

LAS TRIBUS INDÍGENAS AMERICANAS

Los indígenas americanos vivían en grupos llamados tribus. En la época en que llegaron los europeos había unas 300 tribus, cada una con su propia forma de gobierno, lengua, creencias religiosas y cultura. La forma de vida de una tribu dependía en gran parte del entorno en que vivían. Los inuit, del helado Ártico, cazaban focas para alimentarse. Utilizaban las pieles de foca para hacer refugios, botes y ropa. Pero en las regiones secas del suroeste de Norteamérica, los indios hacían casas de barro seco, llamado adobe. El agua era

Las ruinas del Cliff Palace (palacio del acantilado) en Mesa Verde, Colorado. Fue construido por el pueblo anasazi, del suroeste de los actuales EE.UU.

escasa, así que desarrollaban técnicas especiales, sacando a menudo el agua de las profundidades de la tierra, perforándola.

LA VIDA COTIDIANA

En cualquier parte que viviera una tribu, la vida diaria se centraba en satisfacer las necesidades vitales: el alimento y el refugio. Entre las principales cosechas que cultivaban los indígenas americanos estaba el maíz, las calabazas y las judías. Muchas tribus vivían de la caza de animales tales como el búfalo y el gamo o recogiendo bayas, raíces y otras plantas silvestres. Los refugios variaban mucho de una tribu a otra. Las tribus nómadas hacían refugios transportables. Las tribus de las Grandes Llanuras, por ejemplo, vivían en tipis, tiendas de forma cónica hechas de pieles de búfalo estiradas alrededor de un bastidor de madera. La religión era una parte importante en la vida de los indígenas americanos. Creían en un poderoso espíritu del mundo que influía en la vida de todos los hombres.

Un asentamiento de indígenas americanos en la costa nordeste de Norteamérica. Éste es un poblado del pueblo algonquín, que construía refugios abovedados de corteza de abedul. También utilizaban la corteza de abedul para hacer canoas.

SUDAMÉRICA

EN LA REGIÓN de los Andes en Sud-américa florecieron muchas civilizaciones antes de la llegada de los europeos en el siglo XVI. El más conocido fue el enorme imperio de los incas, que alcanzó su cúspide a finales del siglo XV y comienzos del XVI. Pero hubo otras sociedades, como por ejemplo los huarí, los tiahuanaco y los chimú, que dominaron tam-bién grandes extensiones de estas regiones montañosas en distintas épocas.

Más al este de la cordillera de los Andes, está la inmensa cuenca del río Amazonas, cubierta de selva tropical. En esta calurosa y húmeda región vivían numerosas tribus indígenas ame-ricanas. Una modalidad de agricultura muy uti-lizada fue la conocida como «cortar y quemar», en la que se despejaba una pequeña superficie de la selva para plantar cultivos. Cuando el terreno se agotaba, la gente se trasladaba a una nueva «parcela», dejando que la antigua superfi-cie despejada se convirtiera en selva de nuevo.

LOS IMPERIOS ANDINOS

La civilización de Tiahuanaco estaba asentada cerca del lago Titicaca, en la parte alta de las mon-tañas de los actuales Perú y Bolivia. Su época más poderosa fue entre el año 500 d.C. y el 1000. Los

Las ruinas de Machu Pichu, un asentamiento inca en los Andes.

huari tuvieron su mayor esplendor en torno al 800 d.C. Estaban establecidos más al norte que los tiahuanacos y parece que los dos pueblos eran rivales. Los chimú gobernaban su imperio desde su capital en Chan Chan, en la costa norte de Perú. Pero los chimú fueron conquistados por los incas en la década de 1470. Los incas gobernaban desde su capital, Cuzco, en plena cordillera de los Andes. Levantaron mediante la conquista un enorme imperio y establecieron a continuación una eficaz forma de gobierno para regir a los pueblos sometidos. Construyeron una red de cal-zadas e introdujeron un sistema de impuestos a pagar, para gobernar el imperio.

Una procesión inca sigue su camino por una calzada a gran altura de la cordillera de los Andes. Los incas fueron grandes constructores. Construyeron una red de calzadas que entrecruzaban su montañoso imperio, construyendo puentes colgantes de cuerda cuando era necesario. El emperador, conocido como el Inca Cápac, y otros importantes dignatarios, era transportado de un lugar a otro en sillas de manos. Las demás personas caminaban. Los mensajes importantes los llevaban equipos de corredores, cada uno de los cuales recorría una distancia de 2 kilómetros antes de pasar el mensaje a su relevo.

RUSIA

EL NOMBRE DE RUSIA proviene del pueblo vikingo que llegó a la ciudad de Novgorod alrededor del año 860. Estos vikingos eran conocidos como los «Varangia Rus». Algunos historiadores creen que fueron invitados a ir a Novgorod para poner orden en las disputas entre los pueblos eslavos que vivían allí. Otros afirman que los vikingos lo invadieron. Como quiera que ocurriera, los vikingos se asentaron en la zona entre Novgorod y Kiev, que se llegó a conocer como «la tierra de los Rus».

El primer mandatario que sometió la región bajo su autoridad única fue el príncipe Vladimiro I (reinó de 980 a 1015). Se hizo cristiano en 988 y proclamó al cristianismo ortodoxo como la religión oficial de su nuevo estado.

Iván el Terrible ordenó la construcción de la catedral de San Basilio en Moscú. Alrededor del año 1550 empezaron las obras. Se construyó para celebrar las victorias de Iván sobre los tártaros (pueblos mongoles) en el sudeste. San Basilio está dentro del Kremlin (enfrente), una ciudadela fortificada en el centro de Moscú.

EL DOMINIO MONGOL

En 1223, los mongoles atacaron Rusia, llegando casi hasta la ciudad de Kiev. En ataques posteriores, los mongoles saquearon en 1237 la ciudad y devastaron muchos de sus territorios. Rusia pasó a formar parte del Imperio Mongol, incluida en una región conocida como la «Horda de Oro». Los mongoles obligaron a los pueblos sometidos a pagarles fuertes impuestos y en 1330 empezaron a delegar la tarea de cobrar estas tasas en el príncipe Iván I de Moscú. Aproximadamente por la misma época, el jefe de la iglesia ortodoxa de Rusia hizo de Moscú su centro principal. Kiev declinaba a medida que crecía el poder de Moscú.

El dominio de los mongoles sobre la «Horda de Oro» empezó a debilitarse en el siglo XIV. En 1380, un ejército mandado por el príncipe Dimitri de Moscú derrotó a los mongoles en Kulinov, cerca del río Don. Un siglo más tarde (en 1480), bajo el reinado de Iván III, el poder mongol en Rusia llegó por fin a su término. Iván se declaró «Zar de todas las Rusias», empleando la versión eslava del nombre del emperador romano, César. Desde entonces, a todos los reyes rusos se les llamó zares.

Iván el Terrible fue el nieto de Iván III (conocido como Iván el Grande). Llegó a conocérsele por su crueldad. Durante su reinado de terror, ordenaba la muerte de cualquiera que fuese considerado como una amenaza. Llegó a matar incluso a su hijo en un ataque de ira, en 1581.

Los cosacos *(a la derecha)* eran famosos por su destreza como jinetes y su bravura en el combate. La palabra «cosaco» significa «aventurero».

IVÁN EL TERRIBLE

Iván IV (reinó entre 1533-1584) fue el primer gobernante ruso en ser coronado zar, en 1547. El poder del nuevo zar se extendió por toda Rusia y muchos de sus súbditos pudieron comprobar pronto su brutalidad, por lo que se ganó el apodo de Iván «el Terrible». En 1565, Iván creó una fuerza de policía especial para quebrar el poder de la nobleza rusa. Hubo nobles terratenientes que fueron expulsados de sus estados y muchos fueron asesinados. Iván regaló estos estados a sus oficiales. Muchas personas huyeron de la zona de alrededor de Moscú.

Tras la muerte de Iván el Terrible, Rusia entró en un período conocido como el «Gran Desorden», durante el cual las guerras civiles y las invasiones azotaron toda Rusia.

LOS ROMANOV

El «Gran Desorden» llegó a su fin en 1613, tras la derrota de los invasores polacos y la elección de Miguel Romanov como nuevo zar. Los zares Romanov iban a reinar en Rusia durante los siguientes 300 años. Uno de los zares más famosos fue Pedro el Grande (reinó entre 1682 y 1725). Fundó la ciudad de San Petersburgo en 1703. También hizo mucho por reorganizar el gobierno de Rusia, introduciendo muchas ideas occidentales.

Durante el reinado de Catalina la Grande (de 1762 a 1796), Rusia se expandió aún más. Pero la mayoría de los rusos eran siervos (campesinos), que vivían en la pobreza. En los años 70 del siglo XVIII, hubo un levantamiento que fue aplastado por el gobierno con severidad. Después de aquello, Catalina aumentó su dominio sobre los siervos aún más.

VIAJES DE EXPLORACIÓN

En 1492 Cristóbal Colón (1451-1596) navegó hacia el oeste por el océano Atlántico. Su objetivo era encontrar una ruta marítima para llegar a las ricas tierras del Extremo Oriente: las tierras de las especias y las sedas. A estas tierras se las conocía en Europa como las Indias. Cuando Colón puso pie en una de las islas del Caribe, estaba convencido de que había encontrado las Indias. A los pobladores que encontró los llamó «indios». Incluso hoy se sigue llamando a las islas del Caribe las «Indias Occidentales».

ENRIQUE «EL NAVEGANTE»

El príncipe Enrique de Portugal, conocido como Enrique «el Navegante», tuvo un papel importante en la dirección de la exploración portuguesa en el siglo XV. Los portugueses diseñaron un nuevo tipo de embarcación, llamada carabela, que podía resistir el oleaje del mar y era además muy fácil de maniobrar. Los instrumentos, como el astrolabio, también ayudaban a los navegantes a encontrar el camino con más precisión.

La flota de Colón constaba de tres carabelas, la *Niña*, la *Pinta* y la *Santa María*. Más tarde hizo otros tres viajes, explorando las costas del Caribe y las de América central y del sur.

LAS RUTAS COMERCIALES

Los artículos de lujo tales como joyas, sedas y especias se importaban en Europa desde hacía mucho tiempo procedentes de Oriente, por la ruta de la seda. Pero aquellas rutas terrestres habían caído bajo el dominio de los turcos. En el siglo XV, tanto los portugueses como los españoles empezaron a interesarse en buscar una ruta marítima alternativa para llegar a Oriente.

VIAJES PORTUGUESES

Entre 1421 y 1434, el príncipe Enrique el Navegante envió muchas expediciones para explorar la costa oeste de África. Quería encontrar el origen del oro que traían los comerciantes musulmanes del norte a través del Sahara. En 1487 un navegante portugués llamado Bartolomé Díaz se convirtió en el primer europeo que navegó alrededor de la punta más meridional de África, el cabo de Buena Esperanza. Después de rodear el cabo volvió pronto a Portugal, en 1488. Diez años después, Vasco de Gama fue aún más lejos. Navegó rodeando el cabo de Buena Esperanza, subió por la costa este de África y llegó a la India en 1498. Hizo un segundo viaje en 1502.

El explorador chino Cheng He hizo siete expediciones entre 1405 y 1433. En sus exploraciones llegó hasta las costas orientales de África en un junco, una embarcación china.

En 1519, zarparon cinco barcos desde España al mando de Fernando de Magallanes. Se proponían bajar por las costas de Sudamérica y bordear su punta más meridional. Su propósito era navegar hacia el oeste para encontrar las islas de las especias en el Extremo Oriente, ya que las rutas del este, rodeando África, estaban prohibidas para los españoles. La pequeña flota de Magallanes fue la primera en dar la vuelta al mundo, aunque el propio Magallanes murió en Filipinas.

EL NUEVO MUNDO

Cristóbal Colón fue un navegante de origen italiano que trató de convencer a los portugueses de que financiaran un viaje cruzando el océano Atlántico, pero los portugueses se negaron. Al final, fue la reina Isabel de España la que patrocinó su viaje, en 1492. Los españoles se mostraron entusiasmados con el descubrimiento de Colón y costearon tres viajes más bajo su mando. Por desgracia, el interés europeo por el Nuevo Mundo iba a tener malas consecuencias para los pueblos indígenas de América.

Hubo otros navegantes que también fueron a explorar este Nuevo Mundo. Un italiano, John Cabot, navegando al servicio del rey inglés Enrique VII, llegó a la costa de Norteamérica en 1497. Américo Vespuccio navegó hasta Sudamérica en 1499 y otra vez en 1501. Un cartógrafo alemán escribió una versión de su nombre de pila, Americo, sobre uno de los primeros mapas del nuevo continente, dando origen al nombre de América.

Los españoles, conocidos como los «conquistadores», llegan a América. Dos famosos conquistadores fueron Hernán Cortés (1485-1547) y Francisco Pizarro (1475-1541). Cortés conquistó el imperio azteca, mientras que el imperio inca se rindió a Pizarro. Los españoles reivindicaron para ellos el Nuevo Mundo y rápidamente establecieron colonias en él, a veces por la fuerza. Los pueblos nativos tenían que trabajar en sus plantaciones. Los españoles llevaron también enfermedades europeas, como la viruela, que anteriormente era desconocida por los pueblos indígenas. Los indígenas americanos no estaban inmunizados contra estas enfermedades y las epidemias causaron estragos entre su población, muriendo muchos millones de indios.

EL RENACIMIENTO

LA PALABRA RENACIMIENTO significa «volver a nacer» y se refiere a una época en que las artes y las enseñanzas de la antigüedad griega y romana fueron «redescubiertas» por los europeos. El Renacimiento empezó en Italia en el siglo XIV y se extendió por toda Europa durante el siglo XV. Muchos historiadores señalan el Renacimiento como el final de la Edad Media en Europa. Fue una época en que la gente empezó a pensar en sí misma y en el mundo que la rodeaba, de un modo nuevo.

LOS COMIENZOS

Italia en el siglo XIV no era la nación unificada que es en la actualidad. Se componía de muchas ciudades-estado dominadas por familias poderosas, como los Gonzaga en Mantua. Estas familias ricas contrataban arquitectos para que proyectaran grandes construcciones que copiaran los modelos clásicos de las antiguas Grecia y Roma, y a los artistas para que las decoraran. También fomentaban el que los eruditos estudiaran las obras de los antiguos escritores griegos y romanos.

Durante el siglo XV, la familia de los Medici ostentaba el poder en Florencia e hicieron de la ciudad un importante centro del Renacimiento. Venecia se convirtió en otro centro importante.

Santa Catalina de Alejandría, de Rafael (1483-1520).

EL HUMANISMO

Los estudiosos del Renacimiento se interesaron por la naturaleza humana. Esto se conoció como Humanismo. Leían los textos sobre las grandes civilizaciones de Grecia y Roma, que habían quedado en el olvido durante mucho tiempo. El estudio del Humanismo recibió un gran impulso cuando, en 1453, llegaron a Occidente, huyendo de Constantinopla, una gran cantidad de estudiosos, que traían con ellos muchos y valiosos libros.

El Renacimiento comenzó en las ciudades del norte de Italia. Las familias acomodadas costeaban edificios construidos en estilo clásico.

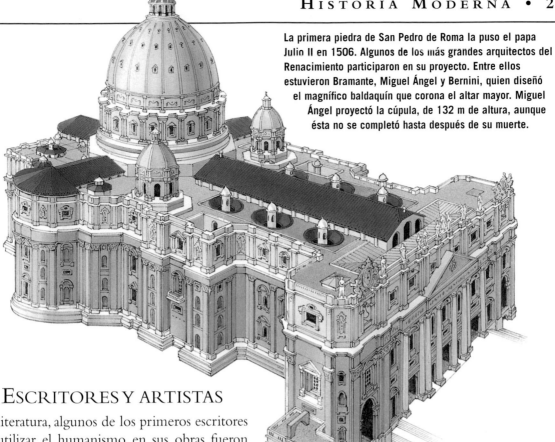

La primera piedra de San Pedro de Roma la puso el papa Julio II en 1506. Algunos de los más grandes arquitectos del Renacimiento participaron en su proyecto. Entre ellos estuvieron Bramante, Miguel Ángel y Bernini, quien diseñó el magnífico baldaquín que corona el altar mayor. Miguel Ángel proyectó la cúpula, de 132 m de altura, aunque ésta no se completó hasta después de su muerte.

ESCRITORES Y ARTISTAS

En literatura, algunos de los primeros escritores en utilizar el humanismo en sus obras fueron los poetas italianos Dante y Petrarca. El humanismo también tuvo gran influencia en los estilos de pintura. En la Edad Media, los artistas pintaban con un estilo decorativo plano. No se preocupaban de dar a sus figuras un aspecto natural. El pintor florentino Giotto fue el primer artista que intentó retratar las figuras con un aspecto real. Más tarde, en el Renacimiento, hubo artistas como Leonardo da Vinci, Miguel Ángel y Rafael que trabajaron para ricos mecenas en Roma y en otros lugares. La obra más conocida de Miguel Ángel es el techo de la Capilla Sixtina en el Vaticano, en Roma. A Leonardo da Vinci le fascinaba el mundo de la naturaleza y especialmente el cuerpo humano.

Galileo Galilei (1564-1642), el gran astrónomo italiano.

NUEVOS HORIZONTES

Al mismo tiempo que un período de nuevas ideas en las artes, el Renacimiento fue también una época de inventos y descubrimientos. El siglo XV fue una época de exploración, en la que se descubrieron continentes desconocidos hasta entonces para los europeos. En astronomía,

Leonardo da Vinci (1452-1519) fue pintor, científico e ingeniero: un «hombre del Renacimiento». Este diseño de un rotor lo hizo aproximadamente en el año 1500.

Nicolás Copérnico, un astrónomo polaco, lanzó la idea de que la Tierra giraba alrededor del Sol (y no al contrario, como se había pensado hasta entonces). Hubo inventos tales como la brújula de bitácora, la pólvora y la imprenta que revolucionaron también la vida de muchas personas.

LA REFORMA

EL 31 DE OCTUBRE de 1517, un monje alemán llamado Martín Lutero clavó un documento en la puerta de la catedral de Wittenberg. Este documento, conocido como *Las noventa y cinco tesis,* contenía una serie de ataques contra lo que él llamaba la corrupción de la Iglesia Católica Romana. El gesto de protesta de Lutero señaló el comienzo de un movimiento religioso llamado la Reforma.

Un soldado de la Guerra de los Treinta Años (1618-1648), un conflicto entre estados católicos y protestantes en Europa

LA CORRUPCIÓN DE LA IGLESIA

En la época del Renacimiento, la Iglesia Católica Romana era enormemente poderosa en toda Europa. Su centro estaba en Roma, donde el Papa y su corte vivían con todo esplendor. Mucha gente pensaba que la Iglesia se había corrompido, por ejemplo, en su práctica de ofrecer cargos importantes dentro de la Iglesia o de vender indulgencias a cambio de dinero.

Martin Lutero fija *Las noventa y cinco tesis* en la puerta de la catedral de Wittenberg. Creía que las personas podían salvarse sólo con la fe.

Estos abusos fueron criticados por estudiosos humanistas, como el sacerdote holandés Erasmo de Rotterdam. Pero fue la protesta de Lutero la que desencadenó el proceso que, al final, llevó a un cisma en la Iglesia Católica Romana.

Aunque cuando Lutero pidió por primera vez sus reformas no tenía intención de romper con la Iglesia Católica, fue excomulgado por el Papa en 1521. A pesar de todo, recibió apoyo para sus reformas de varios gobernantes de Alemania. Fue durante aquella época cuando se empezó a usar la palabra protestante, para designar a los que «protestaban» contra la Iglesia Católica. El movimiento protestante se extendió por toda Alemania y en Suecia y Dinamarca. En Suiza fue recogido por un clérigo llamado Ulrich Zwingli, que trabajaba en Zurich.

El monasterio de El Escorial fue construido por Felipe II, un defensor de la Contrarreforma.

Hubo otro reformador llamado Calvino, que vivía también en Suiza, en Ginebra. Trabajó para establecer el protestantismo en Francia, donde a sus seguidores se les llamó hugonotes. Las enseñanzas de Calvino fueron llevadas hasta Escocia por John Knox.

LA IGLESIA ANGLICANA

Inglaterra rompió con la Iglesia Católica por razones propias. Enrique VIII quería divorciarse de Catalina de Aragón. Cuando el Papa rehusó concederle el divorcio (Enrique VIII rompió con la Iglesia en 1534) ya se había convertido en la cabeza de la Iglesia de Inglaterra en 1531. Más tarde, durante el reinado de Eduardo VI, la Iglesia Protestante de Inglaterra se empezó a llamar Iglesia Anglicana.

LA CONTRARREFORMA

A medida que el protestantismo se extendía por Europa, la Iglesia Católica empezó a luchar contra él con un movimiento llamado la Contrarreforma. La Iglesia Católica siguió siendo muy poderosa, especialmente en España e Italia, pero el cisma entre católicos y protestantes en Europa llevó a la persecución y al conflicto. En 1572, miles de hugonotes perdieron la vida a manos de los católicos franceses en la matanza del día de San Bartolomé. Las guerras religiosas continuaron durante los siglos siguientes.

Un galeón de guerra español del siglo XVI. Inglaterra y España entraron en guerra en 1588, cuando España, reinando Felipe II, intentó invadir Inglaterra. Pero la armada española fue destrozada por las tormentas alrededor de Gran Bretaña.

COLONIAS Y COMERCIO

LOS VIAJES DE EXPLORACIÓN del siglo XVI abrieron nuevas posibilidades a los países europeos. España y Portugal empezaron a establecer colonias y factorías comerciales en las tierras descubiertas por sus marinos. España se hizo con el dominio de grandes extensiones de terreno en el Caribe, además de en América central y Sudamérica. Portugal estableció factorías comerciales a lo largo de las costas de África y de la India. Pronto se les unieron Holanda, Francia y Gran Bretaña, que también empezaron a querer tener puertos comerciales y otras posesiones en ultramar.

Los cautivos negros africanos solían ir encadenados juntos y se les obligaba a ir andando hasta los puertos de esclavos de la costa occidental de África.

Los colonos españoles cultivaban plantaciones de caña de azúcar, en las que obligaban a trabajar a los indios nativos. Pero murieron tantos por los malos tratos y las epidemias que pronto hubo escasez de trabajadores. A principios del siglo XVI, se llevaron los primeros cautivos desde África hasta América para trabajar como esclavos en las plantaciones. El goteo inicial se convirtió pronto en una inundación, transportándose millares de personas a través del océano Atlántico. Muchas morían durante el viaje, por las terribles condiciones a bordo de los barcos.

Los holandeses fundaron la colonia de Nueva Amsterdam. Los ingleses se apoderaron de ella en 1664, rebautizándola como Nueva York.

EL COMERCIO DE ESCLAVOS

Los colonos españoles del Caribe descubrieron enseguida que la caña de azúcar crecía bien en el clima cálido y húmedo de las islas. El azúcar se consumía cada vez más en Europa, especialmente porque se usaba para endulzar las nuevas bebidas que empezaban también a llegar de las colonias de ultramar: café, té y cacao.

Riqueza y beneficios

Las colonias de ultramar aportaron una inmensa riqueza a los países europeos. España fundó sus colonias en el continente americano, importando grandes cantidades de oro y plata. Portugal también tenía ricos yacimientos de oro en sus colonias de Brasil. Hubo mercancías como el azúcar (del Caribe), el té (de China) y el café y el chocolate (de Sudamérica) que también se empezaron a consumir cada vez más en toda Europa.

El comercio de esclavos también era una fuente de riquezas. Al comercio de esclavos entre África y América se le conoce como «comercio triangular», porque se hacía en tres fases. Los barcos zarpaban desde Europa hacia África cargados de mercancías para cambiarlas por esclavos, por ejemplo, armas de fuego y alcohol. Después se transportaban los esclavos a través del Atlántico. Una vez en el Caribe, se vendían y con el dinero se compraba azúcar, ron y tabaco, que se llevaban a Europa. Gran Bretaña se convirtió en uno de los principales comerciantes de esclavos, aunque hubo otros países europeos, como Francia, Holanda y Portugal, que también tomaron parte en este tráfico terrible. En Gran Bretaña, florecían los puertos de Londres, Liverpool y Bristol, a medida que afluían los beneficios.

Piratas atacando a un galeón español cargado con tesoros en el mar Caribe, en el siglo XVII.

El comercio con China

Aunque los chinos estaban satisfechos de exportar mercancías como sedas y especias a Occidente, controlaban rigurosamente las importaciones a su país. A los extranjeros sólo se les permitía comerciar a través de un puerto: Cantón.

El comercio mundial recibió un fuerte impulso con la apertura del canal de Suez en 1869. El canal era un atajo entre el mar Mediterráneo y el mar Rojo.

En el siglo XIX, los comerciantes ingleses con China trataron de soslayar estas restricciones importando ilegalmente una droga: opio. El gobierno británico los respaldó, dando lugar a las Guerras del Opio entre Gran Bretaña y China (1839-1842 y 1856-1860). China fue obligada a retractarse y a aceptar el comercio europeo en su territorio.

El vapor británico Némesis atacando a unos juncos chinos durante las Guerras del Opio. El opio es una droga que se hace con el jugo de la amapola opiácea. Es peligroso, porque crea adicción. En los siglos XVIII y XIX, la adicción al opio fue un grave problema en China.

LA ÉPOCA DE LAS REVOLUCIONES

EN LA SEGUNDA mitad del siglo XVIII tuvieron lugar dos revoluciones importantes. La primera fue en Norteamérica (1775-1783) y llevó al nacimiento de los Estados Unidos de América. La segunda ocurrió en Francia, empezando con la toma de la prisión de la Bastilla, en París, en 1789.

REVOLUCIÓN EN AMÉRICA

Desde principios del siglo XVI en adelante, América del Norte había sido colonizada por grupos de colonos de diversos países europeos. Durante la Guerra de los Siete Años (1756-1763), los colonos británicos y franceses lucharon por el territorio de América del Norte.

Salió victoriosa Gran Bretaña, con el dominio de una gran zona de terreno. En aquel tiempo (y aparte de Canadá) había en Norteamérica 13 colonias británicas, pero sin voz ni voto en cuanto a su gobierno. En los años posteriores a la guerra, el gobierno británico impuso muchos impuestos diferentes a los colonos. Estos impuestos provocaron protestas contra lo que los colonos llamaban «imposición sin representación». Los primeros disparos entre las tropas británicas y los colonos americanos se cruzaron en Lexington, Massachusetts, el 19 de abril de 1775, señalando el comienzo de la guerra. En julio de 1776, los colonizadores promulgaron la Declaración de Independencia y así nacieron los Estados Unidos de América. El fin de la guerra llegó en 1783, cuando las tropas británicas se rindieron en Yorktown, Virginia.

El 14 de julio de 1789, una multitud parisiense asaltó la Bastilla, la prisión real de la capital. Aunque no tenía muchos presos, la toma de la Bastilla debilitó seriamente la autoridad y el poder de Luis XVI, el rey francés. Al mismo tiempo, se produjeron tumultos en todo el país. Había comenzado la Revolución Francesa. El rey Luis XVI y su mujer, María Antonieta, trataron de escapar, pero fueron detenidos. La Asamblea Nacional abolió la monarquía en 1792. El rey fue juzgado y ejecutado en la guillotina, en enero de 1793, y María Antonieta le siguió a la guillotina en octubre del mismo año.

Una reunión de los líderes de los colonos americanos en el Segundo Congreso Continental de julio de 1775. El Congreso promulgó una Declaración de Independencia redactada por Thomas Jefferson, quien afirmaba la independencia de las colonias de Gran Bretaña. Esta declaración no fue reconocida por los británicos hasta la firma del Tratado de París, en 1783, después del fin de la guerra en la que las fuerzas británicas fueron derrotadas por las tropas norteamericanas al mando de George Washington.

LA REVOLUCIÓN FRANCESA

En Francia, a finales del siglo XVIII, también iba aumentando el descontento por los impuestos entre la gente del pueblo. En aquella época ni el clero ni las familias nobles francesas pagaban ningún impuesto. Su peso caía sobre los trabajadores y los campesinos. En 1788 hubo una mala cosecha, lo que hizo que mucha gente estuviera a punto de morirse de hambre. El país estaba casi en bancarrota, como resultado de las onerosas guerras y el extravagante estilo de vida de la monarquía. Cuando el rey se negó a escuchar las demandas de la gente, ésta formó la Asamblea Nacional. Al mismo tiempo, el descontento aumentaba en las calles: el 14 de julio de 1789, una multitud atacó la Bastilla, la prisión real de París. Este hecho señaló el comienzo de la Revolución Francesa.

El 26 de agosto, la Asamblea Nacional hizo una declaración de los Derechos del Hombre, concediendo los mismos derechos a todos los ciudadanos incluidos la libertad y la igualdad. Pronto, Francia estuvo también en guerra con otras muchas naciones europeas. Un general llamado Napoleón Bonaparte había ascendido con rapidez de entre las filas del ejército francés. En 1799, se apoderó del poder en Francia y empezó su campaña para conquistar el resto de Europa.

Una de las muchas batallas de las guerras napoleónicas. Napoleón edificó un imperio que abarcaba buena parte de Europa en 1812. Al final, fue derrotado en la batalla de Waterloo, en junio de 1815.

LA REVOLUCIÓN INDUSTRIAL

SE HA DADO EL NOMBRE de Revolución Industrial a una serie de cambios que tuvieron lugar a finales del siglo XVIII y principios del XIX. La Revolución Industrial empezó en Gran Bretaña pero, durante el siglo XIX, se extendió rápidamente a otros países europeos y a Norteamérica.

Hasta mediados del siglo XVIII, casi todas las manufacturas se hacían a pequeña escala en las casas de la gente o en pequeños talleres. Las máquinas se movían a mano o, a veces, con tracción hidráulica o animal. En el siglo XVIII se inventaron máquinas nuevas y más grandes, lo que hizo posible fabricar mercancías con más rapidez y eficacia. Estas nuevas máquinas necesitaban más potencia que la que podían proporcionar los animales o el agua. El desarrollo del motor de vapor fue la respuesta a esta necesidad. La nueva maquinaria era demasiado grande para las casas o talleres, con lo que la manufactura se trasladó a fábricas y factorías.

El puente de hierro de Coalbrookdale, Shropshire, Inglaterra, fue el primer puente del mundo hecho de hierro. Cruza el río Severn y se terminó en 1779. Coalbrookdale fue uno de los principales centros de producción de hierro durante la Revolución Industrial.

Una escena industrial en el siglo XIX. Las mercancías se transportaban por canales y, a partir de los últimos años de la década de 1820, por ferrocarril. Las nuevas fábricas y factorías necesitaban carbón para mover sus motores de vapor, así como suministros de materias primas para manufacturar sus mercancías, por ejemplo, tejidos.

Los niños trabajaban en las minas, picando carbón y transportándolo a la superficie.

EL CARBÓN Y EL HIERRO

Uno de los motivos por los que la Revolución Industrial se desarrolló rápidamente en Inglaterra es que allí había grandes reservas de carbón y de hierro. El carbón calentaba los hornos en donde el hierro se separaba de su mineral (fundición). También proporcionaba combustible a los motores de vapor. El hierro se usaba para hacer motores y máquinas, así como puentes y ferrocarriles. Según crecía la industria resultaba vital poder transportar las mercancías. Como consecuencia, hubo una época de construcción de canales, seguida por el desarrollo de los ferrocarriles.

UNA NUEVA VIDA

La Revolución Industrial provocó grandes cambios en la forma de vivir y trabajar de la gente. Hubo millones de personas que se trasladaron desde las zonas rurales para trabajar en las nuevas factorías, fábricas y minas. Pero, en algunos sitios, las condiciones de trabajo eran terribles y peligrosas. Los alojamientos en los nuevos centros solían estar hacinados y en malas condiciones sanitarias. Presionado por los trabajadores y los reformadores, el gobierno británico acabó promulgando leyes encaminadas a mejorar las condiciones de los trabajadores.

LA EXPANSIÓN DE LA INDUSTRIA

En el siglo XIX, el proceso de industrialización se extendió rápidamente por toda Europa, especialmente en Bélgica, Francia y Alemania. Llegó a los Estados Unidos a mediados de siglo y a otros países, como Japón, a finales del siglo XIX.

La construcción de buques *(izquierda)* floreció durante la Revolución Industrial. Para transportar materias primas y otras mercancías por todo el mundo, se usaban buques de vapor con casco de hierro y hélices. El primer barco de esta clase –el *Great Britain*– se botó en 1843.

Nuevo ferrocarril en Japón *(arriba)*. Japón se convirtió en un país industrializado a finales del siglo XIX.

Fábrica de papel de Gran Bretaña en 1854 *(abajo)*. Con motores de vapor movidos con carbón, podían fabricar papel y paños.

EL CRECIMIENTO DE LOS ESTADOS UNIDOS

CUANDO LOS COLONOS europeos llegaron a América del Norte en el siglo XVI, fundaron colonias a lo largo de la costa este. Pero, después del fin de la Guerra de los Siete Años, los colonos empezaron a trasladarse al oeste de los montes Apalaches. Estos pioneros

LA RUTA DE OREGÓN

En la década de 1840, los EE.UU. se hicieron con el dominio de Oregón, en la costa noroeste. También se hicieron con Nuevo México, después de su victoria en la guerra con México. La posibilidad de empezar una nueva vida en el oeste animó a mucha gente a emprender el peligroso viaje hacia occidente. Muchos siguieron la Ruta de Oregón, que empezaba en el río Missouri y terminaba en el lujuriante valle de Willamette. El viaje era muy arriesgado y muchos perecían en él.

Cuando viajaban por la ruta de Oregón o por la de California, los pioneros emprendían el viaje en grupos de carros, llamados trenes de carros. Hacían esto por seguridad en el caso de un ataque indio. Por la noche, cuando los carros se detenían, se formaba con ellos un círculo, llamado «corral», para protegerse. Las tiendas se montaban dentro del círculo. Las mujeres preparaban comida para la cena, mientras que los hombres arreglaban los carros y cuidaban de los animales.

solían ser comerciantes de pieles o granjeros que buscaban nuevas tierras libres.

El movimiento hacia el oeste siguió en las décadas siguientes. Luego, en 1803, el presidente Jefferson compró el inmenso territorio de Louisiana al gobierno francés. Louisiana se extendía desde el río Mississippi hasta las Montañas Rocosas. Jefferson envió una expedición, dirigida por Meriwether Lews y William Clark, para obtener más información sobre su compra. En 1805, la expedición llegó a la costa oeste de Norteamérica.

Los pioneros que emprendían el viaje por las rutas de Oregón y California llevaban sus pertenencias y sus provisiones en carros. Los carros eran de madera, con llantas de hierro y un techo de lona. El agua se llevaba en un barril atado a un costado. Iban tirados por parejas o grupos de bueyes.

LA *HOMESTEAD ACT* (LEY DE LAS HACIENDAS)

Hacia 1850, los colonos americanos habían llegado al río Mississippi. En el oeste, los granjeros estaban empezando a trasladarse a Oregón y California, pero una buena parte de la zona central del país, las Grandes Llanuras, seguía sin colonizar. En 1862, el gobierno aprobó la *Homestead Act* (Ley de las Haciendas), que animaba a la gente a trasladarse allí y cultivar la tierra. A la vez, se estaba construyendo el ferrocarril. Todo esto fue una catástrofe para los indios americanos.

Abraham Lincoln fue presidente de los EE.UU. entre 1861 y 1865, durante la Guerra Civil americana. Contribuyó a acabar con la esclavitud.

LA FIEBRE DEL ORO

En enero de 1848, un hombre llamado James Marshall estaba inspeccionando la serrería de sus patrones cuando vio brillar algo en el agua del canal de la factoría. Lo recogió... ¡y era oro! La noticia de que se había descubierto oro en California se divulgó enseguida. Empezó a llegar gente de todos los rincones de los Estados Unidos y de muchos lugares del mundo, buscando fortuna en los campos auríferos del oeste. Algunos llegaron por tierra, atravesando el continente; otros lo hicieron por mar, hasta San Francisco. Pero muy pocos consiguieron hacer fortuna.

Unos refugiados judíos llegan a la ciudad de Nueva York *(derecha)*. Entre 1840 y 1930, hubo millones de personas que emigraron a EE.UU. desde Europa. Entre ellos había irlandeses y alemanes y, a partir de 1890, italianos y judíos, estos últimos huyendo de la persecución en Rusia.

Unos bandidos asaltan un tren en el oeste americano *(debajo)*. En la segunda mitad del siglo XIX había bandas de forajidos en el oeste y los trenes eran frecuentes objetivos suyos. El primer ferrocarril que unió las ciudades costeras del este de Norteamérica con la costa del Pacífico se terminó en 1869.

LA EXPLORACIÓN DEL MUNDO

EN 1768, un barco llamado *Endeavour* zarpó de Inglaterra. Iba mandado por el teniente (más tarde capitán) James Cook (1728-1779). El *Endeavour* hacía un viaje científico rumbo a Tahití, en el Pacífico. Pero Cook tenía además otras instrucciones. En aquella época, el conocimiento europeo del sur del Pacífico se basaba en vagos informes, casi todos de marinos holandeses. Cook iba a explorar más lejos. De hecho, éste iba a ser el primero de los tres grandes viajes hechos por Cook, en el que hizo el levantamiento cartográfico de buena parte de la costa de Australia y Nueva Zelanda, además de muchas islas del Pacífico. También navegó más al sur de lo que nadie lo había hecho antes de él.

El francés René Caillié (1799-1838) fue el primer europeo en ir a Tombuctú, en África y volver sano y salvo. Viajó disfrazado de árabe y llegó a Tombuctú en 1828, después de un viaje de unos 2.400 km, casi todo a pie. Tombuctú era un centro comercial en el límite sur del Sáhara; formaba parte del mundo islámico y era un lugar cerrado para los europeos. Al volver a su país, la Sociedad Geográfica de París concedió a Caillié un premio de 10.000 francos.

Henry Stanley era un periodista norteamericano que fue a África en busca de fama y fortuna: las consiguió cuando «encontró» al explorador británico David Livingstone en 1871.

El *Endeavour* –el barco de Cook– tenía tres mástiles y tres cubiertas. Era de unos 30 m de largo. Las cubiertas inferiores iban llenas de provisiones para el largo viaje. Cook no quería que su tripulación contrajese una enfermedad llamada escorbuto, causada por la falta de vitamina C (que se encuentra en las frutas frescas y en la verdura), aunque la gente no sabía esto en aquel tiempo. Cook daba de comer a sus marineros coles en conserva y una especie de mermelada de naranja.

EN EL INTERIOR DE ÁFRICA

Durante los siglos XVIII y XIX los exploradores europeos y norteamericanos se aventuraron en zonas de África que nunca habían sido visitadas por el hombre blanco. Querían conocer la geografía y los pueblos de este continente, además de saber qué materias primas se podían conseguir. También buscaban nuevos mercados para los productos europeos.

Robert Peary (1856-1920) pasó algún tiempo con los inuit de Groenlandia para aprender sus métodos de supervivencia en las durísimas condiciones de clima del Ártico. En sus expediciones, llevaba perros esquimales para tirar de los trineos y vestía las ropas tradicionales de los inuit.

Roald Amundsen (1872-1928, *derecha*) llegó al Polo Sur el 14 de diciembre de 1911 *(arriba)*. Lo mismo que Peary, Amundsen utilizó perros para tirar de sus trineos. El rival de Amundsen era Robert Scott, un explorador británico que llegó al Polo Sur unos días después que Amundsen. Scott y su equipo murieron en el viaje de regreso.

HACIA LOS POLOS

Hacia el final del siglo XIX había pocos lugares en la Tierra que no hubieran sido explorados y cartografiados por el hombre. Las excepciones eran el Polo Norte y el Polo Sur. Después de muchos años de planearlo y varios intentos fallidos, el norteamericano Robert Peary llegó al Polo Norte en 1909. La carrera hacia el Polo Sur la ganó el noruego Roald Amundsen en 1911.

El 29 de mayo de 1953, un neozelandés llamado Edmund Hillary y un «sherpa» del Nepal llamado Tensing Norgay se convirtieron en las primeras personas en poner el pie en la montaña más alta del mundo: el Everest. El monte Everest tiene 8.863 m de altura sobre el nivel del mar. Hillary y Tensing llevaban oxígeno para poder respirar mejor en el aire enrarecido de la cima del monte. Preocupados por si se les agotaba el oxígeno, estuvieron en la cumbre sólo 15 minutos: lo preciso para hacer algunas fotografías y demostrar que lo habían conseguido.

LA EXPLORACIÓN DEL ESPACIO

En el siglo XX, la exploración ha ido más allá de la Tierra, al espacio. La primera persona que viajó por el espacio fue el cosmonauta ruso Yuri Gagarin, en 1961. Al año siguiente, los norteamericanos pusieron en órbita a su primer astronauta: John Glenn. Los norteamericanos hicieron aterrizar a la primera persona en la Luna en 1969. Desde entonces, varias sondas no tripuladas han aterrizado en Marte y han explorado el Sistema Solar, enviando información y fotografías a la Tierra.

El primer hombre en poner el pie en la Luna, en julio de 1969, fue el astronauta de los EE.UU. Neil Armstrong (nacido en 1930). Viajó con otros dos astronautas –Edwin «Buzz» Aldrin y Michael Collins– en el *Apolo 11*.

EL NACIMIENTO DE LA EDAD CONTEMPORÁNEA

AUNQUE FUE Gran Bretaña la primera en experimentar la Revolución Industrial, hubo otros países que se pusieron enseguida a su altura. En la segunda mitad del siglo XIX y la primera del XX, Alemania, Rusia y los Estados Unidos empezaron a disputar el dominio británico en sectores como la producción de acero y de tejidos y en la construcción de buques.

A medida que la producción aumentaba en Europa y Norteamérica, los países industrializados buscaban en el extranjero fuentes de materias primas baratas y nuevos mercados en los que vender sus productos manufacturados. Las naciones ricas explotaban sus antiguas colonias, pero también buscaban la oportunidad de adquirir nuevas colonias. Como consecuencia de la exploración del interior de África, las naciones europeas empezaron a reclamar grandes zonas del continente africano. A esto se le llamó el «reparto de África».

A comienzos del siglo XX, la vida era dura para los niños pobres de las ciudades, hacinados y con poco para comer.

EL «REPARTO DE ÁFRICA»

En 1880, sólo una parte muy pequeña de África estaba dominada por países europeos. Sólo 20 años después, Europa había reclamado todo el continente africano, con la excepción de Etiopía y Liberia. En 1884, se celebró una conferencia en Berlín para decidir cómo se tendría que repartir África, aunque no había representantes africanos presentes para decidir su propio futuro.

En los primeros años del siglo XX, a la gente le resultaba difícil acostumbrarse al ruido y la velocidad de los nuevos medios de transporte, como el automóvil y el aeroplano. Los motores empleados para mover los primeros coches los desarrollaron en 1885, por separado, dos ingenieros alemanes: Gottlieb Daimler y Karl Benz. Las primeras llantas neumáticas (llenas de aire) las fabricó una firma francesa (Michelin), diez años después. La industria del automóvil creció rápidamente en los EE.UU. gracias a la facilidad de suministro de petróleo para hacer gasolina y a la introducción de las técnicas de producción en serie en la fabricación de coches.

TECNOLOGÍA INDUSTRIAL

Durante el siglo XIX, la industrialización fue de la mano con la invención de nuevas tecnologías. Hubo nuevos inventos –como el teléfono, la cámara fotográfica, la máquina de escribir y la luz eléctrica– que transformaron la vida diaria de mucha gente. El aumento en la producción de hierro y acero y las mejoras en su tecnología dieron como resultado la construcción de estructuras nuevas espectaculares, como la torre Eiffel en París y los primeros rascacielos de Chicago y Nueva York en los EE.UU.

Los medios de transporte también se beneficiaron de la tecnología y los diseños nuevos. Los ferrocarriles permitieron a la gente normal viajar más lejos y más barato de lo que habían hecho antes. Una de las grandes hazañas en el tendido de ferrocarriles fue la construcción del ferrocarril Transiberiano, que unía la capital rusa, Moscú, con Vladivostok, en el océano Pacífico. La bicicleta fue otro invento que dio mayor libertad a la gente corriente. El automóvil empezó a popularizarse a partir de 1890, pero hasta que Henry Ford no comenzó a fabricar en serie su Ford modelo T en 1908, la mayoría de las personas no pudieron permitirse el comprar uno. En 1903, dos hermanos norteamericanos, Orville y Wilbur Wright, hicieron el primer vuelo propulsado con éxito, señalando el principio del aeroplano, y de un nuevo medio de transporte.

Escena callejera en Nueva York hacia el año 1900. Los autobuses, tirados por caballos, corrían sobre unas vías metálicas tendidas en las calles. El automóvil era aún difícil de ver.

EL MUNDO EN GUERRA

E L COMIENZO del siglo XX fue una época de creciente rivalidad entre los países europeos. Algunos se unían formando alianzas, prometiendo ayudarse unos a otros si alguno era atacado. Alemania, Austria-Hungría e Italia formaron la Triple Alianza (conocida más tarde como las Potencias Centrales). Gran Bretaña, Francia y Rusia formaron la Triple Entente (conocida después como los aliados). Sin embargo, el hecho que desencadenó la guerra tuvo lugar en Sarajevo, Bosnia, donde el heredero del trono Austrohúngaro –el archiduque Francisco Fernando– fue asesinado por un disidente serbio en 1914. Austria-Hungría declaró la guerra a Serbia, lo que empujó a Rusia a enviar tropas para defender Serbia. Muy pronto, Alemania, Francia y Gran Bretaña se vieron también arrastrados a la I Guerra Mundial.

La guerra se combatió principalmente en dos frentes: el del oeste, en Bélgica y Francia, y el del este, a lo largo de la frontera rusa. En el oeste, los

El avión *Fokker* del llamado «Barón Rojo» iba pintado de un color rojo vivo. El barón Manfred von Richthofen fue un héroe de la aviación alemana en la I Guerra Mundial.

combates llegaron pronto a un punto muerto. Se excavó un sistema de trincheras *(abajo)* que se extendió desde el canal de la Mancha a Suiza y se combatió a lo largo de aquella línea. Murieron millones de soldados por ambas partes. En 1917, los Estados Unidos entraron también en guerra, ayudando a los aliados a derrotar a las potencias centrales en 1918.

Los tanques *(derecha)* se emplearon por primera vez en la I Guerra Mundial.

Revolucionarios rusos entrando en acción.
Se llamaban bolcheviques por una
palabra rusa que significaba «mayoría».

LA REVOLUCIÓN RUSA

Rusia sufrió varias derrotas humillantes al
comienzo de la I Guerra Mundial como, por
ejemplo, la batalla de Tannenberg en 1914, en
la que las tropas alemanas mataron o captura-
ron a millares de soldados rusos. Rusia estaba
gobernada por el zar Nicolás II, perteneciente
a la dinastía Romanov. La grave escasez de alimentos y las bajas de la guerra provocaron el
desencanto popular. En 1917, una sublevación
en San Petersburgo obligó al zar a abandonar
su trono. En un deliberado intento por debili-
tar a Rusia todavía más, Alemania permitió a
un revolucionario llamado Lenin que volviese
del exilio en Suiza. Lenin encabezó otro levantamiento en Rusia, apoderándose del control
del gobierno. Después, inició conversaciones
de paz con las potencias centrales y Rusia se
retiró de la guerra.

Adolfo Hitler (1889-
1945) llegó al poder
como jefe del partido
nazi alemán en 1930.
Entre otros líderes
autoritarios estuvieron el
fascista Mussolini, en
Italia, y Franco, en
España.

LA II GUERRA MUNDIAL

La gente llamó a la I Guerra Mundial «la guerra
que terminaba con las guerras», pero el tratado de
paz de 1918 castigaba severamente a Alemania
por haber tomado parte en ella. Esto provocó un
nacionalismo exasperado en Alemania y la ascen-
sión al poder de Adolfo Hitler, jefe del partido
Nacional-Socialista (Nazi) en la década de 1930.
En 1939, Alemania invadió Polonia, arrastrando
de nuevo a países de todo el mundo a la guerra.

Un avión británico
Spitfire. Éstos
combatieron
contra los cazas y
bombarderos
alemanes en la
batalla de
Inglaterra (1940)
de la II Guerra
Mundial.

Durante la II Guerra Mundial, se luchó en campos
de batalla de todo el mundo. Estos soldados están
combatiendo en el desierto del norte de África.

La guerra fue entre las potencias del Eje
(Alemania, Italia y Japón) y los aliados (Gran
Bretaña y los países de la Commonwealth, Francia, Unión Soviética y Estados Unidos). Se combatió en todo el mundo: en las junglas del sudeste
asiático, en las islas del Pacífico, en los desiertos
del norte de África y en los océanos y, por
supuesto, en Europa, donde los masivos bombar-
deos de las ciudades se saldaron con la destruc-
ción de edificios y la muerte de mucha gente. La
guerra terminó con la derrota de las potencias del
Eje, pero solamente después de que los americanos lanzaran bombas nucleares sobre las ciudades
japonesas de Hiroshima y Nagasaki en 1945.

CRONOLOGÍA

c. 300 Apogeo de la civilización maya en América central.

455 Saqueo de Roma por los vándalos.

527-565 Justiniano gobierna el Imperio Bizantino.

c. 570 Nacimiento del profeta Mahoma.

632 Muerte del profeta Mahoma.

c. 750 Los vikingos comienzan sus incursiones en Europa.

800 Carlomagno es coronado en Roma como emperador del Sacro Imperio Romano.

c. 1000 El vikingo Leif Eriksson llega navegando hasta Vinlandia, en América del Norte.

1066 El duque Guillermo de Normandía conquista Inglaterra.

1086 Recopilación del *Domesday book* (Libro catastral inglés).

1095 Los turcos prohíben a los cristianos la entrada en Jerusalén y el papa Urbano II convoca a los cristianos para reconquistar Tierra Santa.

1099 Los caballeros de la Primera Cruzada conquistan Jerusalén.

1147-1149 Segunda Cruzada.

1171 El musulmán Saladino derrota a los fatimíes y conquista Egipto.

1187 Saladino derrota a los cruzados y reconquista Jerusalén.

1189-1192 La Tercera Cruzada termina en fracaso.

1212 Cruzada de los niños o de los inocentes.

1271-1292 Marco Polo viaja a través de Asia hasta el Extremo Oriente.

1327-1453 Guerra de los Cien Años entre Inglaterra y Francia.

1347 La «muerte negra» (peste bubónica) llega a Europa, matando a miles de personas.

c. 1400-1521 Época del imperio azteca en México y América central.

1428-1430 Juana de Arco dirige los ejércitos franceses contra Inglaterra.

c. 1438-1572 Establecimiento del Imperio Inca en Perú, Sudamérica.

c. 1450-1600 Época del Renacimiento en la Europa Occidental.

1453 Los turcos conquistan Constantinopla. Fin del Imperio Bizantino.

1455-1485 Guerras de las Rosas, en Inglaterra.

1487-1488 Bartolomé Díaz dobla navegando el cabo de Buena Esperanza.

1492 Cristóbal Colón, saliendo de España, cruza el Atlántico y descubre América.

1498 Vasco de Gama llega a India.

1517 Martín Lutero clava *Las noventa y cinco tesis* en la puerta de la catedral de Wittenberg, señalando el principio de la Reforma.

1519 Carlos I de España se convierte en Carlos V, emperador del Sacro Imperio Romano.

1521 Los conquistadores españoles derrotan al Imperio Azteca.

1532 Francisco Pizarro empieza la conquista del Imperio Inca en Sudamérica.

1571 La flota cristiana, al mando de don Juan de Austria, derrota a la turca en la batalla de Lepanto.

1588 Derrota de la gran armada española en aguas de la costa inglesa.

1618-1648 Guerra de los Treinta Años en Europa.

1682-1725 Reinado de Pedro el Grande en Rusia.

1756-1763 Guerra de los Siete Años, entre Gran Bretaña y Prusia por una parte y Rusia, Austria y Suecia, por otra.

1775-1783 Revolución en América.

1776 Declaración de Independencia de los Estados Unidos de América.

1762-1796 Reinado de Catalina la Grande en Rusia.

1789 La toma de la Bastilla en París marca el principio de la Revolución Francesa.

1793 El rey Luis XVI es guillotinado en Francia.

1799 Napoleón se hace con el poder en Francia.

1799-1815 Las guerras napoleónicas terminan con la derrota de Napoleón en Waterloo.

1848 Se descubre oro en California, provocando la fiebre del oro.

1861-1865 Guerra Civil Norteamericana.

1870-1871 Guerra Franco-Prusiana.

1914-1918 I Guerra Mundial.

1917 La Revolución Rusa lleva a los comunistas al poder bajo su líder, Lenin.

1922 Se funda la Unión Soviética (URSS).

1922 El líder fascista Benito Mussolini marcha sobre Roma y se hace con el poder en Italia.

1929 El crack de 1929 sumergió al mundo en la Gran Depresión.

1933 Adolfo Hitler es elegido canciller de Alemania.

1936-1939 La Guerra Civil española termina con la victoria del general Franco, líder nacionalista.

1939-1945 II Guerra Mundial.

1945 EE.UU. lanza la bomba atómica sobre las ciudades japonesas de Hiroshima y Nagasaki.

1945 Los antiguos aliados fundan las Naciones Unidas.

1949 Los comunistas llegan al poder en China bajo el liderazgo de Mao Tse Tung.

1957 El Tratado de Roma establece la Comunidad Económica Europea.

1961 El cosmonauta soviético Yuri Gagarin es el primer hombre en el espacio.

1961 Un muro separa el Berlín oriental del Berlín occidental en Alemania.

1963 Asesinato de John F. Kennedy, presidente de los EE.UU.

1964-1976 Guerra de Vietnam.

1967 Guerra de los Seis Días en Oriente Medio.

1968 Asesinato de Martin Luther King, propulsor de los derechos civiles en los EE.UU.

1969 El astronauta de los EE.UU. Neil Armstrong se convierte en el primer hombre que pisa la Luna.

1980-1988 Guerra entre Irán e Irak.

1986 Accidente catastrófico en Chernobyl, central nuclear de la URSS.

1989-1990 Desplome del comunismo en la Europa Oriental.

1990-1991 Irak invade Kuwait, haciendo estallar la Guerra del Golfo.

1991 Final del *apartheid* en Sudáfrica.

1991 Se desintegra Yugoslavia, llevando a la guerra a Serbia, Croacia, Eslovenia y Bosnia.

1994 Nelson Mandela se convierte en presidente de Sudáfrica.

1999 Los aliados de la OTAN derrotan a Serbia durante la crisis de Kosovo.

ÍNDICE

Los números de página en **negrita** hacen referencia a entradas principales.

A

abadías, 15
Abasidas, dinastía, 5
adobe, casas de, 20
África, 30-31, 38-39, 40
  colonización europea de, 40, 45
  exploración europea de, 24, 38-39
Alá, 4-5
Aldrin, Edwin, 39
Alemania, 14, 28, 35, 40, 42-43, 45
algonquino, pueblo, 20
Alhambra, palacio de la, 5
aliados, 42-43
almenas, 18-19
amazónica, selva, 21
América
  descubrimiento europeo de, 10, 20-21, 24-25
  colonización europea de, 36-37
América central, 8, 24, 30
Amundsen, Roald, 39
anasazi, pueblo, 20
Andes, 21
Anglicana, Iglesia, 29
apartheid, 45
árabe, mundo, **4-5**
árabes, 4-5, 7
ariete, 19
armadura, 17
Armstrong, Neil, 39
arqueros
  europeos, 19
Ártico, exploración del, 39
Asamblea Nacional, 32-33
Asia central, 5
astrolabio, 24
astronomía maya, 8
Atila, 6
Australia, 38
Austria-Hungría, 42
automóvil, industria del, 40-41
automóviles, 40
Azteca, Imperio, 25, 46
aztecas, **8-9**
azúcar, plantaciones de, 30

B

Bagdad, 5
bárbaros, **6-7**
barcos
  construcción de, 32, 40
  de vapor, 35
  vikingos, 10-11
Basilio I, 7

Bastilla, toma de la, 32
Bélgica, 35
Belisario, 7
benedictina, orden, 15
Benz, Karl, 40
Berlín, 45
  Conferencia de, 40
  muro de, 45
Bernini, Gianlorenzo, 27
bicicletas, 41
Bolonia, 12
Bonaparte, Napoleón, 33
Bramante, Donato, 27
Bretaña, Gran, 30, 32-33, 34-35, 42-43, 44-45
búfalo, caza del, 20
Bizancio, **7**
Bizantino, Imperio, 4, 7, 17

C

caballería, código de la, 16
caballeros, **16-17**
Cabo de Buena Esperanza, 24
Cabot, John, 25
Caillié, René, 38
calentamiento global, 45
California, 37
California, ruta de, 36-37
Calvino, 28
campesinos, 13, 14, 23, 33
Canadá, 32
canales, 34-35
Cantón, 31
Cápac, Inca, 21
Capadocia, cuevas, 7
carabelas, 24
Caribe, mar, 24, 30-31
Carlomagno, 6
Carlos V, 46
castillo, ataque a un, 19
castillos, **18-19**
  de los cruzados, 16, 19
Catalina de Aragón, 29
Catalina la Grande, 23
cathedra, 15
catedrales, 15, 22
cetrería, 14
Chan Chan, 21
Chichén Itzá, 9
chimú, civilización en Sudamérica, 21
China, 4-5, 31, 44
Churchill, Winston, 44
Clark, William, 36
Cliff palace, 20
Clodoveo, 6
Cluny, 15
Coalbrookdale, 34
Collins, Michael, 39
colonias
  británicas, 32
  españolas, 25, 30-31
  europeas, 30-31, 40, 45
  francesas, 32
  holandesas, 30
  portuguesas, 25
Colonias, las Trece, 32, 33
Colón, Cristóbal, 10, 24-25

comercio:
  africano, 15, 39
  árabe, 24
  asiático, 15, 17
  chino, 31
  europeo, 14-15, 24, 30-31
  maya, 8
  mundial, 31, 40
  vikingo, 10
comunismo, 44-45
  desplome del, 45
Constantino I, 7
Constantinopla, 7, 26
Contrarreforma, 28-29
conventos de monjas, 15
Cook, capitán James, 38
Copérnico, 27
Cortés, Hernán, 25
cosacos, 23
Cristo, 17
cristianismo, 7, 14-15, 17
cruzadas, 17
Cuzco, 21

D

Daimler, Gottlieb, 40
Dante, 27
Declaración de Independencia, 32-33
Declaración de los Derechos del Hombre, 33
Díaz, Bartolomé, 24
Dimitri, príncipe de Moscú, 22
Domesday book, 13

E

Edad Media en Europa, 12-19
Eduardo VI, 29
Egipto, 41
Eiffel, torre, 41
Eje, potencias del, 43
Endeavour, 38
enfermedades, 13, 14, 25, 30
Enrique el Navegante, 24
Enrique VII, 25
Enrique VIII, 29
Erasmo de Rotterdam, 28
Ericsson, Leif, 10
Escandinavia, 10, 11
esclavos, comercio de, 30-31
escorbuto, 38
Escorial, El, 28
escritura:
  maya, 8
  vikinga, 11
eslavos, pueblos, 22
espaciales, sondas, 39
espacio, exploración del, 39
espadas, 11
España, 5, 6, 24, 29, 30, 43
  armada, 29
  conquistadores, 8-9, 25
especias, islas de las, 25
Estados Unidos, 32-33, 35, 36-37, 40-41, 44
Europa, 10, 30, 31, 33, 34-35, 40, 42-43
  medieval **12**

Europea, Comunidad Económica, 46
Everest, monte, 39
exploraciones, 24-25, 27, 30, 38-39

F

factorías, 34-35
Felipe II, 28, 29
ferrocarril, desarrollo del, 34-35, 37, 41
feudal, sistema, 12-13, 16, 18
feudos, 13
Florencia, 26-27
Fokker, aeroplano, 42
forajidos, 37
Ford, Henry, 41
frailes, 14
Francia, 28, 32-33, 35, 42-43, 45
Francisco Fernando, archiduque, 42
Franco, Francisco, 43
francos, 12

G

Gabriel, arcángel San, 4
Gagarin, Yuri, 39
Galia, 6
Galileo Galilei, 27
galeones españoles, 29, 31
Ghandi, 44
Génova, 15
germánicas, tribus, 6-7
Giotto, 27
Glenn, John, 39
godos, 6
Granada, 5
Grandes Llanuras, 20, 37
Grecia antigua, 26
Guerra Civil Americana, 37
Guerra Fría, 44, 45
Guerra de los Cien Años, 12
Guerra de los Siete Años, 32, 36, 38
Guerra de los Treinta Años, 22
Guerra de Onín, 7
Guerras del Opio, 31
Guerra Mundial I, 42
Guerra Mundial II, 43, 44-45
guerreros:
  árabes, 4, 7
  aztecas, 8, 9
  vikingos, 10, 11
Guillermo, duque de Normandía, 12-13, 16
guillotina, 32

H

hambrunas, 14
Hanseática, Liga, 14
Harun el Raschid, 5
hausa, ciudades-estado, 18
hierro, 35
Hierro, Puente de, 34
Hillary, Edmund, 39

hinduismo, 44
Hiroshima, 43
Hitler, Adolfo, 43, 44
Hölstentor, puerta, 14
Homestead Act, 37
Horda Dorada, 22
huari, imperio, 31
hugonotes, 28-29
humanismo, 26
hunos, 6

I

iglesias, 15
Inca, Imperio, 21, 25
incas, 8
independencia, 44-45
India, 5, 24, 30, 44-45
    independencia de la, 44-45
indígenas norteamericanos
    20-21, 25, 36-37
Inglaterra, batalla de, 43
Inuit, 20, 39
inventos, 27, 41
Isabel, reina de España, 25
Islam, 4-5
islámicos, imperios, 4-5
Italia, 6, 26-27, 29, 42-43
Iván I, príncipe de Moscú,
    22
Iván IV (el Terrible), 22-23

J

Japón, 35, 43
Jefferson, Thomas, 33, 36
Jerusalén, 17
judíos, 37, 44
Jinnah, Mohamed Alí, 44
Julio II, papa, 27

K

Kiev, 22
Knox, John, 28
Krak des Chevaliers, 19
Kremlin, 22-23
Kulinov, batalla de, 22

L

Lenin, 43
Leonardo da Vinci, 27
Lewis, Meriwether, 36
Lexington, 32
Lincoln, Abraham, 37
Livingstone, David, 38
Lübeck, 14
Lutero, Martín, 28
Luis XVI, 32
Luisiana, compra de, 36
Luna, aterrizaje en la, 39

M

Machu Pichu, 21
Magallanes, Fernando, 25

Mahoma, profeta, 4, 7, 44
Maíz, 8, 20
Mandela, Nelson, 45
Mantua, 26
Mao Tse Tung, 44
María Antonieta, 32
Marshall, James, 37
mayas, **8-9**
Meca, La, 4
mercaderes, 4, 13, 14, 31
Mesa Verde, 20
México, 8-9, 36
Miguel Ángel, 27
Moctezuma I, 9
Moctezuma II, 9
monasterios, 14-15
Mongol, Imperio, 22
mongoles, 22
mosaicos, 7
Moscú, 22-23
muerte negra, 13
musulmanes, 4-5, 17, 24,
    44-45
Mussolini, Benito, 43, 46

N

Nagasaki, 43
napoleónicas, guerras, 33
nazi, partido, 43
Nicolás II, 43
normandos, 18
Norteamérica, **20,** 32, 34,
    36-37
noventa y cinco tesis, Las, 28
nucleares, bombas, 43
Nueva Amsterdam, 30
Nueva York, 30, 37, 41, 45
Nueva Zelanda, 38

O

oeste americano, 36
Omeyas, dinastía, 5
Oregón, ruta de, 36-37
Ortodoxa, Iglesia, 22
oro, 37

P

Pacífico, océano, exploración
    europea del, 38
Pakistán, 45
papel, fábrica de, 35
París, 33
    Tratado de, 33
Peary, Robert, 39
Pedro el Grande, 23
Perú, 21
Petrarca, 27
piratas, 31
Pizarro, Francisco, 25
población, 14, 32
pobreza, 40-45
Polo Norte, llegada al, 39
Polo Sur, carrera hacia el, 39

Polonia, 43
polución, 14, 32
pólvora, 4, 27
Portugal, 24, 30
potencias centrales, 42-43
Protestante, Iglesia, 28-29
puente levadizo, 19

Q

Qu'ran o *Corán,* 4-5

R

Rafael, 26-27
rascacielos, 41
Reforma, **28-29**
refugiados, 37
religiones:
    maya y azteca, 9
    indígenas norteamerica-
    nos, 20
Renacimiento, 12, **26-27**
Revolución Americana, 32-
    33
Revolución Francesa, 32-33
Revolución Industrial, **34-35**
Revolución Rusa, 43
Romana, Iglesia Católica,
    28-29
Romano, Imperio, 6, 7, 12
Romanov, 23, 43
romanos, 6, 26
Roma, 26-27, 28
    saqueo de, 6
Roosevelt, Franklin D., 44
runas, 11
Rusia, 10, **22-23,** 37, 40-41,
    42-43
ruso, imperio, 23
ruta de la seda, 24

S

Sacro Imperio Romano, 6
Sáhara, desierto, 24
San Bartolomé, matanza del
    día de, 29
San Basilio, catedral, 22
San Benito, 15
Santa Sofía, 7
San Pedro de Roma, 23, 43
San Petersburgo, 23, 43
Sal, marcha de la, 44
San Francisco, 37
Sarajevo, 42
Sasánida, Imperio, 4
Scott, Robert, 39
Segundo Congreso Conti-
    nental, 33
Serbia, 42
siervos, 23
Sixtina, capilla, 27
solar, 18
Sudáfrica, 45
Sudamérica, **21,** 24-25, 30

Spitfire, avión, 435
Stalin, Josiv, 44
Stanley, Henry, 38
stelae, 8
Suez, canal de, 31
Suiza, 28

T

Tahití, 38
Tannenberg, batalla de, 43
tanques, 42
tártaros, 22
templos:
    mayas y aztecas, 9
Tenochtitlán, 8-9
Tensing Norgay, 39
terratenientes, 16
Terror, el (Revolución
    Francesa), 32
Texcoco, lago, 9
Tiahuanaco, 21
Tikal, 8
Titicaca, lago, 21
Tombuctú, 38
torneo, 17
torre del homenaje, 18-19
transiberiano, ferrocarril, 41
Triple Alianza, 42
Triple Entente, 42
turcos, 7, 17, 24

U

universidades, 12
Urbano II, papa, 17
Unión Soviética (URSS),
    43, 44-45

V

vapor, motor de, 34-35
Varangian Rus, 22
Vasco de Gama, 24
vasallos, 12-13, 16
Vaticano, 27
Venecia, 14, 26
Vespuccio, Américo, 25
vikingos, **10-11,** 12, 22
Vladimiro I, príncipe, 22
von Richthofen, barón, 42

W

Washington, George, 33
Waterloo, batalla de, 33
Wright, Orville y Wilbur, 41

Y

Yalta, conferencia de, 44
Yorktown, 42
Yucatán, península del, 8

Z

zar, 23
Zwingli, Ulrich, 28